Martin Hecht
Deutsche Unsitten

Zu diesem Buch

Was die Deutschen seit jeher am meisten beschäftigt, sind die beiden Fragen: Wie sind wir? Und wieso mag uns eigentlich keiner? Nichts Ernstes, nur ein paar Unsitten, sagt Martin Hecht und listet genüsslich 161 Antworten auf. Ästhetische Schrulligkeiten und moralische Übertretungen, die uns Deutsche liebenswert und manchmal unerträglich machen: die ewigen Rechthaber, die mit den weißen Socken in Sandalen, die Planer und Erbauer gewaltiger Carports. Die Männer mit den Akkuschraubern, die zielstrebig ihr Ding machen, wenn nicht gerade das Handy im Gürtelhalter klingelt. Die »Mahlzeit«-Sager, die in der Trattoria entweder gar nicht wissen, wie man »Zucchini« ausspricht – oder aber viel besser als jeder Italiener. »Lesen Sie häppchenweise, wo immer Sie das Buch aufschlagen, und Sie werden sich – ein wenig pharisäerhaft, da Sie ja nicht betroffen sind – gut über Ihre Mitmenschen amüsieren.« (Neue Ruhr Zeitung)

Martin Hecht, geboren 1964 in Würzburg, ist mit seiner Familie in Mainz am Rhein gestrandet, könnte sich aber auch vorstellen, dass das Heimatglück noch ganz woanders liegt. Er ist Schriftsteller und Publizist und schreibt unter anderem für die Süddeutsche Zeitung, die Frankfurter Rundschau und Psychologie heute. Zuletzt erschienen: »Wahre Freunde. Von der hohen Kunst der Freundschaft«, »Das große Jagen. Auf der Suche nach dem erfolgreichen Leben« und »Deutsche Unsitten«.

Martin Hecht

Deutsche Unsitten

Mit Illustrationen von
Diana Lukas-Nülle

Piper München Zürich

Mehr über unsere Autoren und Bücher:
www.piper.de

Ungekürzte Taschenbuchausgabe
Piper Verlag GmbH, München
Mai 2009

Umschlag: Büro Hamburg. Anja Grimm, Stefanie Levers
Bildredaktion: Büro Hamburg. Alke Bücking, Sandra Schmidtke
Umschlagabbildung: Diana Lukas-Nülle
Satz: Klaus Schneider
Papier: Munken Print von Arctic Paper Munkedals AB, Schweden
Druck und Bindung: CPI – Clausen & Bosse, Leck
Printed in Germany ISBN 978-3-492-25352-9

Dem deutschen Volke

»Der Mensch ist gut, aber die Leut' san a G'sindel.« (Johann Nepomuk Nestroy)

Einleitung

Vordrängeln beim Brötchenkaufen; überholende LKW auf der Autobahn; Zeitgenossen, die im Zugabteil vor anderen ihre Fingernägel abknipsen; Menschen, die nichts dabei finden, wenn ihr Yorkshire-Terrier sein Häufchen mitten auf dem Bürgersteig macht; lautstarkes Telefonieren in vollbesetzten Fernzügen; endlose Werbepausen im Fernsehen während des Spielfilms; Harfenklänge von der Wellness-CD in romanischen Kirchen: »Das ist eine absolute Unsitte!« Den Satz kennt jeder, und jeder benutzt ihn, um die Abneigung auszudrücken, die ein öffentlich wahrnehmbares Fehlverhalten weckt.

»Wer frei von Sünde ist«, sagt Jesus Christus, »der werfe den ersten Stein.« Unsitten gibt es überall. Kein Land, kein Stamm, keine Nation ist frei davon. Der Deutsche ist hier keinen Deut besser, aber auch keinen Deut schlechter als die Franzosen, die Briten, die Italiener. Unsitten gibt es, seit es Menschen gibt. Aber gibt es heute vielleicht noch ein paar mehr als früher? In der Tat. In der Epoche, in der wir heute leben, haben es Unsitten viel leichter, sich zu verbreiten. Wo die Welt entzaubert ist und die alten Traditionen als Sittenhüter endgültig untergegangen sind, ist den Unsitten Tür und Tor geöffnet. Und wo sie nicht gehindert werden, breiten sie sich aus.

Kleine Metaphysik der Unsitten

Eine Sitte ist laut Brockhaus eine »an traditionelle, kultur-spezifische Normen und Werte gebundene Regulierung sozialen Handelns in wiederkehrenden Situationen des öffentlichen und privaten Lebens«. Ein nicht kodifizierter, aber von allen beherrschter und beherzigter Katalog des »Comme il faut«, ein System von Pflichten und Unterlassungen, ist die Grundlage sittlichen Verhaltens – wie es sein sollte. Sitten gibt es, damit das, was wir tun, *eine Art* hat. Eine Unsitte ist demnach eine Sitte mit negativen Vorzeichen, also ein soziales Handeln, das zwar sehr wohl in wiederkehrenden Situationen auftritt – aber gerade nicht dem entspricht, wie es sein sollte. Unsitten: das ist all das, was man *nicht* tun sollte – und was doch viele tun. Unsitten äußern sich vor allem auf zwei großen Feldern: im ästhetischen als Geschmacklosigkeiten und im moralischen als Verletzungen ethischer Standards – wenn auch fast immer in einem geringeren Schweregrad. Mit Sittlichkeit und Unsittlichkeit haben Sitten wie Unsitten in den allermeisten Fällen nichts zu tun. Allenfalls gibt es Unsitten, die von derart wüster und dreister Natur sind, dass sie dann doch an schwere moralische Verfehlungen grenzen. Das hierzulande verbreitete Vordrängeln ist hierfür ein gutes Beispiel: Es ist nicht nur eine Unsitte, weil *man* das nicht tut. Es ist zugleich auch – wenngleich nicht in dramatischer Weise – unsittlich, also unmoralisch, weil sich ein solches Verhalten nicht an den ethischen Werten von Gleichbehandlung, Brüderlichkeit und Gerechtigkeit orientiert.

Eine Unsitte kann ein willentliches Verletzen bestehender Regeln sein, ein absichtsvolles Durchbrechen von Verhaltensstandards, wie sie unter zivilisierten Menschen vorherrschen. Sie kann aber genauso gut aus purer Unkenntnis begangen werden – weil das ungeschriebene Gesetz, gegen das verstoßen wird, dem Übertreter gar nicht bekannt ist. Unsitten sind kollektiv auftretende schlechte Angewohnheiten, die sich in der Grauzone zwischen fehlenden Manieren und handfesten moralischen Übertretungen bewegen. Der Ort, an dem sie begangen werden, ist die Öffentlichkeit. Ein Mensch für sich genommen ist kaum in der Lage, das Problem zu entfesseln, um das dieses Buch kreist. Erst unter seinesgleichen, im öffentlichen Raum, wird Sittenlosigkeit zum Problem. Denn erst, wo andere Mitmenschen sie erleben und erleiden müssen, werden persönliche Schrulligkeiten zum Ärgernis.

Typisch deutsch

Aber gibt es überhaupt speziell deutsche Unsitten, also solche, die im deutschsprachigen Raum häufiger anzutreffen sind als anderswo? Sind Unsitten heute nicht ein globales Phänomen, irgendwo angesiedelt zwischen allgemein zu beklagender Unerzogenheit des modernen Menschengeschlechts und einer allgemeinen wachsenden Frechheit, ja Unverschämtheit als Kehrseite jener Medaille, auf deren Vorderseite die Befreiung des Individuums gepriesen wird? Kann im Zeitalter sich auflösender nationaler Identitäten überhaupt noch von deutschen Unsitten die Rede sein?

Leider ja. Denn die Globalisierung verstärkt sogar noch den Effekt der nachtraditionellen Sittenverderbnis. Zur nachlassenden Widerstandskraft im Innern der einzelnen Völker kommt auch noch ein gesteigerter Druck von außen. Die globale Banalisierung bringt täglich neue Unsitten über uns, und gleichzeitig bestehen viele der alten, urdeutschen Eigentümlichkeiten unverwüstlich weiter – unbeeindruckt von globalen Moden. Zwei sich nur scheinbar widersprechende Bewegungen prägen daher das Sittenbild der Gegenwart: die Anpassung an den globalen Firlefanz (Halloween) und gleichzeitig der Widerstand des Tümelnd-Volkstypischen gegen die globale Uniformierung (ARD-Feste der Volksmusik).

Vier Arten deutscher Unart

Bei der Durchsicht dieser Enzyklopädie mag man manchmal einwenden, diese oder jene Unsitte sei doch gar nicht typisch deutsch, sondern woanders genauso gut anzutreffen oder sogar im Kern fremdländischen Ursprungs. Natürlich: Es vermischt sich alles immer mehr – aber oft bleibt das Deutsche doch klar erkennbar. Es ist meist die Art, in der eine globale Sitte oder Unsitte übernommen wird, die die Angelegenheit dann doch zu einer typisch deutschen werden lässt und somit für die vorliegende Text-Auswahl qualifiziert. Oder es gibt eine solche Unsitte woanders genauso, nur hat die Verbreitung bei uns einen Schweregrad erreicht, der es nahelegt, sie als deutsches Problem zu behandeln. So nimmt beispielsweise die Imitation auswärtiger Volkstänze, die es sicherlich auch anderswo gibt, in deutschen Turnhallen eine ganz besondere unnachahmliche Form an, die eine eigene Berücksichtigung erfordert: etwa wenn die Anfängergruppe für orientalischen Tanz der Volkshochschule Ravensburg bittet: »Mitzubringen: Tücher und bequeme Kleidung, evtl. Schleier«.
Vor der Aufnahme in dieses Buch schützt es im Übrigen auch nicht, wenn einer Unsitte eigentlich die Absicht zu-

grundeliegt, typisch deutsche Borniertheiten gerade zu vermeiden. Zu den eingebürgerten Unsitten kommen natürlich noch die Unsitten hausgemachter Art: also jene, die auf unserem eigenen, deutschen Mist gewachsen sind, wie »Draußen nur Kännchen«, »Nudelsalat« oder »Weiße Socken in Sandalen«.

Es gilt also vier unterschiedliche Typen von Unarten zu unterscheiden: die alten urdeutschen Unsitten; dann die neuen, hier entstandenen Unsitten; weiter fremde Unsitten, die nun auch bei uns um sich greifen; und schließlich fremde Sitten, die ursprünglich gar nicht beanstandenswert waren, es aber im Moment ihrer Einbürgerung in den deutschen Kulturkreis geworden sind.

Welche Unsitten sind typisch deutsch?

Nationale Unsitten entstehen aus Gleichgewichtsstörungen im nationalen Gemüt. Kennzeichnend für solche gestörten Balancen ist, dass das Pendel in beide Richtungen ausschlagen kann. Um Spezifisches über typische nationale Unsitten in Erfahrung zu bringen, nimmt man am besten in den Blick, in welchen Situationen des alltäglichen deutschen Lebens diese Grenzverletzungen erfolgen – zum Beispiel am Pool des Vier-Sterne-Hotels auf Ibiza, wo wir schon morgens um 4.47 Uhr die besten Poolliegen für uns reservieren. Prägend für die deutschen Unsitten sind die Gegensatzpaare von sozialer Nähe und Distanz, Ordnung und Chaos, Genuss und Verzicht, Gemüt und Verstand, Anpassung und Protest, Tradition und Moderne. Zu beinahe jeder Unsitte in einem Extrem gibt es eine korrespondierende im anderen.

Viele Unsitten unserer Zeit sind, wie erwähnt, Zeugnisse rein geschmacklicher Verirrung. Andere hingegen sind Übertretungen von Verhaltensstandards: Man ignoriert Ge- oder Verbote, um sich zu einem Recht zu verhelfen, von dem man meint, es werde einem vorenthalten. Die Erfahrung lehrt solche Zeitgenossen: Um sein Glück zu zwingen, muss man etwas tun – zur Not eben die Regeln brechen. Im deutschen Fall lassen sich drei Strategien erkennen, wie die gepeinigte Seele ihren Frieden zurückholt und versucht, das nagende Gefühl des Zu-kurz-Kommens aufzuheben: Entweder man versucht, das Defizit aktiv zu bekämpfen und zu überwinden. Oder man nimmt eine Abwehrhaltung ein, um zu verhindern, dass einem noch mehr genommen wird. Wenn beides nicht in Frage kommt, bleibt noch zu versuchen, dem Frust auszuweichen, indem man in schmerzfreie Gebiete flüchtet.

Deutsche Unsitten, die der Wiedererlangung verlorener Chefgefühle dienen, entstammen dem aktiven Protest und äußern sich im aufplusternden Herausstreichen der eigenen Großartigkeit. Zu diesem Zweck bestehen wir in der Regel auf den eigenen, unverrückbaren Standpunkt, betonen unsere »inneren« Werte sowie unsere unschlagbare Bildung und Kultur und verlegen uns ganz allgemein auf das typische Besserwissen. Der andere Unsittenkomplex, der eher aus Rückzugsstrategien besteht, zeichnet sich durch das trotzige Bemühen aus, sämtliche Ressourcen, die uns noch geblieben sind, zur Wiederaufrichtung oder Steigerung des angeknacksten Selbstwertgefühls einzusetzen: Was man sicher hat, wird erfasst, kontrolliert, festgehalten und, wenn möglich, vermehrt, indem es aufpoliert wird: So entstehen all jene Unsitten wie übersteigerte Sparsamkeit, ja vollendeter Geiz, Sauberkeitsfimmel, Ordnungswahn etc.. Schließ-

lich gibt es noch den Typ von Unsitten, die aus dem Wunsch entstehen, der gefühlten Unterlegenheit zu entfliehen, anstatt gegen sie anzukämpfen. Sie äußern sich entweder situativ in der Teilnahme an Anlässen, in denen eine bestimmte künstliche, meist irgendwie narkotische Stimmung hergestellt wird und wir die eigene Verunsicherung schlicht für ein paar Stunden vergessen (Ekstatisches Barfußtanzen), oder gar dauerhaft im Versuch der Anpassung des eigenen Lebensstils an irgendwelche modischen Lebensentwürfe, die nicht unsere sind (der deutsche Auswanderer als perfekter Spanier). Beide eskapistischen Praktiken nehmen Formen an, wie sie andere Völker nicht kennen.
Wir Deutsche sind bis heute in unserer Identität höchst verunsicherte Zeitgenossen. Verunsicherte sind unnahbar, oder ihre Gefühle und Einstellungen wechseln andauernd. Je nach Tagesform meinen wir, uns heute mal als etwas ganz Besonderes zu fühlen, und lassen es die anderen spüren, oder wir knicken ein, kriechen zu Kreuze und sind zum vollständigen Identitätswechsel bereit. Deutsche sind oft wie ungeliebte Kinder: Sie haben den Hang, sich abzugrenzen und zu verschanzen, sich wenigstens das bisschen Glück, das sie in Händen halten, nicht mehr entreißen zu lassen – passen sich aber nur allzu schnell chamäleonartig anderen Kulturen an, wenn sie die soziale Kälte im selbstgebauten Bunker nicht mehr aushalten.

Von deutschem Wesen

Was aber lässt unsere Unsitten aussehen, wie sie aussehen? Woher kommen unsere Eigenarten? Was prägt unseren deutschen Volkscharakter? Stark wirken noch immer die frühesten und einst am tiefsten prägenden Kräfte unseres Volks: die kulturelle Tradition und, ihr zugrundeliegend, die Religion. Am Anfang war das Christentum, dann gerieten wir in jenes »größte Abenteuer der Deutschen«, die Reformation. Der Protestantismus mit seiner harschen Ethik zieht bis heute jenen überzogenen Hang nach sich, unser Denken und Fühlen fast ausschließlich Gesichtspunkten der Effizienz unterzuordnen. Das Fatale: Der Erfolg scheint uns Recht zu geben. Denn wir treffen fast immer ins Tor, zur Not mit der Pike. Zählbares gilt, nicht der Schönheitspreis. Der strenge Militarismus Preußens wirkt fort in Ordnungsextremismus und Autoritätsdenken. Beides fusioniert in jenem – außerhalb unseres Landes unbekannten – Menschentyp des selbsternannten Ordnungshüters. Die Radikalität und Gründlichkeit, in der bei uns die traditionelle Welt durch den Rationalismus entzaubert wurde, hat bei uns ein größeres Loch in die Volksseele gerissen als in anderen Weltgegenden, weshalb wir alles gnadenloser erschlossen, vermessen und flurbereinigt haben, dafür aber auch in unserer Heimatsehnsucht zu heftigeren Reflexen zwischen Schmalz und Schwulst neigen als die innerlich besser ausbalancierten Angehörigen anderer Volksgemeinschaften. Tragisch ist, dass wir am Ende für unseren Fleiß nicht belohnt wurden. Wir haben die Heimat verloren, aber keine rechte Großstadt hingekriegt. Sosehr Deutschland in der Mitte Europas liegt, so wenig haben wir, infolge der langen Kleinstaaterei, je eine rechte Metropole zustandegebracht. Und suchen sie daher woanders. Aus der vermeintlichen Unterlegenheit unserer Kultur vor allem gegenüber der feinen französischen Zivilisation entstand ein bis heute spürbarer Minderwertigkeitskomplex, der sich noch immer durch eine erhöhte Anfälligkeit allem Modischen gegenüber äußert, genauso aber auch in einer übersteigert trotzigen Überbetonung des Rohen, Echten, Urigen – mit allen Auswüchsen der *German Gemütlichkeit*, des Landgasthofs, der ganzen deutschen Volkstümelei. Der Mangel an weltstädtischer Urbanität hinterließ seine Spuren nicht zuletzt im öffentlichen geselligen Umgang, der erst verspätet jene leichte, ironische Gesprächskultur entwickelte, die anderen Öffentlichkeiten weitaus geläufiger ist; wir sind oft noch tief im altdeutsch trägen Schenkelklopfer-Humor verwurzelt. Bis heute ist es schwer, jenen Nebel einer allgemeinen Dumpfheit aus den Köpfen unserer Volksgemeinschaft zu verscheuchen, der den Einzug von Charme und Esprit verhindert.

So sind wir – aber wir fühlen uns nicht wohl in unserer Haut. Bis heute regiert uns Deutsche die Bedrückung, deutsch sein zu müssen, obwohl wir lieber anderswo dazugehören würden. Eigentlich könnten wir uns dafür leidtun. Und tun das manchmal auch. Aber dann dauert es oft nicht lange bis zum Befreiungsschlag – und plötzlich geht ein neuer Stolz um.

Der neue Stolz auf uns – Heimweh nach Deutschland

Dieses Buch erscheint in besonderen Zeiten. So deutsch wie heute waren wir schon lange nicht mehr. Erst hieß es noch, das Deutsche – wie alles Nationale – habe sich im historischen Prozess seit dem 19. Jahrhundert stark abgeschwächt. Dann kamen Zivilisationstheoretiker und verkündeten, nationale Identitäten verschwänden jetzt auch noch unter dem Druck der kulturellen Globalisierung. Das Nationale war schon zu Grabe getragen – aber spätestens seit der Fußball-Weltmeisterschaft 2006 in Deutschland will von dem alten Identitätsgejammer keiner mehr was wissen. Das Deutsche scheint so lebendig wie nie zuvor, und nichts deutet darauf hin, dass es untergehen könne. Jetzt wird wieder andersherum argumentiert: Gerade in einer Zeit, in der die alles einebnenden Wirkungskräfte der Globalisierung das Nationale herausforderten, stießen sie auf unerwarteten Widerstand. Die Völker, auch das deutsche, entdeckten sich wieder selbst, heißt es nun.

Stolz auf das eigene Deutschsein ist wieder angesagt und vor allem: wieder erlaubt. Schenkt man vielen Intellektuellen der Republik Gehör, dann sind wir endlich zu einem normalen Umgang mit unserem deutschen Wesen zurückgekehrt – und alle sind ganz beglückt darüber. »Wir haben uns die Deutschlandfahne zurückgeholt!«, sagen Autoren und Journalisten selbstbewusst. Das Zeitalter eines unverkrampften Nationalbewusstseins sei endlich angebrochen. Ein neuer Stolz auf unser Land, ein neues nationales Selbstbewusstsein macht die Runde. Der Münchener Verleger Florian Langenscheidt trat mit seinem Buch »Das Beste aus Deutschland« den Beweis an. Nicht weniger als 250 Einzelartikel zu Urdeutschem, von der Brezel bis zum Fischer-Dübel, sollten uns das Gefühl zurückgeben, dass wir doch nicht so schlimm sind, wie uns andere oder wir selbst uns immer machen. Matthias Matussek schrieb in neuem Übermut »Wir Deutschen. Warum uns die anderen gern haben können«. Die Lawine war losgetreten. Auch wenn es ein paar Großdeutschen wie dem Berliner Professor Arnulf Baring noch lange nicht genug ist, was da neuerdings an nationalen Emotionen und Pathos die Runde macht – das Deutsche scheint rehabilitiert, ein neuer Hurra-Patriotismus geht um in Deutschland, eine neue Identitätseuphorie. Der lange in den USA ansässige Journalist Andrian Kreye brachte es in einem Artikel auf den Punkt – und sprach den Deutschen aus der wehmütigen Seele: »Ich habe Heimweh nach diesem Land.«

Ach je. Im Ausland lernt man das Deutsche zu schätzen. Das ist richtig – aber doch nur die halbe Wahrheit. Im Ausland lernt man das Deutsche zu schätzen – aber eben oft leider nur so lange, bis man wieder zu Hause ist. Denn hier gibt es die Drogeriemarkt-Kette SCHLECKER. Hier kann es passieren, dass ein vollbesetzter Reisebus mit Gotthilf Fischer und sechzig Mitgliedern seines Chores durchs Bild fährt und »Freut Euch des Lebens« erklingt. Hier sind Polizisten unterwegs, die Dienst-Jeans tragen. Es gibt Hymermobile auf den Straßen, die einem die Sicht versperren. Es gibt das »Nachrichtenmagazin« *FOCUS*, Hundeübungsplätze neben städtischen Kindergärten, streichzarte Kalbsleberwurst im Golddarm oder Johannes B. Kerner. Auch die *Scorpions* sind noch on tour, TV-Pastor Peter Hahne erscheint im On, und der »ZDF-Fernsehgarten« bleibt so wenig unerledigt wie *RTL* Comedy.

Ist dieses Buch selbst eine deutsche Unsitte?

Die Deutschen neigen zum Extremismus, auch im Verhältnis zu ihrer nationalen Identität. Entweder sie finden sich abgrundtief hassenswert – oder sie drehen in die andere Richtung durch und finden sich unschlagbar. Grandiosität und Depression nennt Alice Miller das

Drama des begabten Kindes. Grandiosität und Depression sind die Extreme auch im deutschen Gemüt. Ein lockeres Verhältnis zu uns selbst gelingt uns nur selten. Diese genetische Veranlagung im deutschen Wesen hat die Konsequenz, dass uns je nach Großwetterlage mal das große Minderwertigkeitsgefühl und mal der Größenwahn regiert.

Wegen dieser inneren Zerrissenheit neigen die Deutschen zur Selbstbespiegelung. Und sie verbinden die häufige Frage »Wer sind wir?« oft mit einer zweiten: »Wie finden uns die anderen?« Über deutsche Unsitten zu schreiben, ist also eine höchst deutsche Unternehmung – aber ist es deswegen gleich eine typisch deutsche Unsitte? Es heißt ja, eine der größten deutschen Unsitten bestehe darin, beharrlich das Negative an unserem Deutschsein herauszukehren, sich unaufhörlich dafür zu schämen, den typisch deutschen Minderwertigkeitskomplex immer neu zu bedienen und zu beleben. Das Misanthropische sei typisch deutsch, hört man gelegentlich. Ist vielleicht dieses Buch auch misanthropisch und daher typisch deutsch im negativen Sinn? Nein. Denn dieses Buch steht ja nicht allein in der Landschaft: Es ist ein Gegengewicht – verfasst der Vollständigkeit halber sozusagen. Wer nach dem wahren Deutschtum sucht, tut gut daran, neben den Sitten und Verdiensten auch die Unsitten in den Blick zu nehmen. In beidem überlebt das Typische einer Lebensart, beide zusammen erst prägen einen Volkscharakter. Die deutsche Neigung zur Selbstbespiegelung, die uns so oft in Zweifel stürzt – diesmal soll sie fruchtbar werden, uns zu lehrreichem Nutzen sein, indem sie uns zur Selbsterkenntnis anregt.

Am Ende ist auch diese Niederschrift deutscher Unsitten nur getragen vom Geist der Veredelung. Im Hintergrund noch der kleinsten hier behandelten Unsitte spielt eine leise Melodie, ein Deutschlandlied, das, sind die Unsitten erst einmal kuriert, an Schönheit noch weit übertreffen wird, was schon erreicht ist. Auch vor dem Schönen, Guten, Wahren, das wir hier heute schon haben, sollen die Augen nicht verschlossen sein. Süffiges Bier, gute Autos, tiefes Gemüt: Auch wenn die Deutsche Bahn immer zu spät kommt und immer zu spät kommen wird, wir sind gut organisiert, wir sind verlässlich und im Großen und Ganzen charakterlich sauber. Das soll nicht ignoriert sein. Im Gegenteil, das Buch verfolgt eine noch viel strahlendere Deutschlandidee, als sie die Romantiker der neuen Bürgerlichkeit hochhalten: Es will dem wahren Deutschtum erst zum Durchbruch verhelfen. Wie sagte schon Alexis de Tocqueville im Vorwort zu seiner »Demokratie in Amerika«: »Die Demokratie belehren, wenn möglich ihren Glauben beleben, ihre Sitten läutern, ihre Bewegungen ordnen … das ist die erste Pflicht, die heute den Lenkern der Gesellschaft auferlegt ist.« Sittenläuterung, nichts anderes und Geringeres wird hier in aller landestypischen Bescheidenheit bezweckt. Und nur aus diesem Grund wird auf den Europa-Park Rust, auf sitzpinkelnde Männer und Plastikbestuhlung im gastronomischen Außenbereich eingegangen. Die Deutschen sind eben nicht nur große Bildungsbürger, die von morgens bis abends Schiller, Heine und Thomas Mann lesen und zwischendurch ein Largo von Händel geigen, sondern immer auch Leute, bei denen tagsüber Super RTL läuft und »Danke!« auf dem Klopapier steht. Damit muss man leben.

Es kommt, wie es kommt.

(Deutsche Weisheit)

Manchmal kommt es dick.

(Deutscher Spruch)

Man muss es nehmen, wie es kommt.

(Deutsches Sprichwort)

Schön ist etwas anderes.

(Deutscher Spruch)

A

Abwaschbarkeit der Welt

Den Deutschen ist es viel wert, wenn etwas abwaschbar ist. Deswegen überstreichen sie ihre Raufasertapeten gerne mit Silikon, verlegen vorzugsweise Laminat oder oberflächenversiegelte Böden im Schlafzimmer und überziehen ihre Autos regelmäßig mit heißem Wachs. In der Vorliebe für das Abwaschbare kommt nicht so sehr des Deutschen Hygienefimmel zum Ausdruck als vielmehr, das typisch deutsche schlechte Gewissen. Die Scham, zu beschmutzen und zu besudeln, was rein ist. Gott sieht alles – und wenn nicht er, dann die Nachbarn, Vermieter, Mitmenschen. In einer abwaschbaren Welt ist selbst persönliche Schuld zu tilgen, indem sie einfach spurlos weggewischt wird. *Zewa* wisch und weg. (Die Optimierung von abwaschbar ist übrigens »pflegeleicht«, denn zum gewünschten Effekt gesellt sich höchste Effizienz – Babysitter sagen nach einem ruhigen Abend bewundernd: »Du, Euer Sohn ist absolut pflegeleicht!« Solch ein Satz ist nur in Deutschland denkbar.) Die deutsche Sauberkeit – die Steigerung heißt (porentiefe) Reinheit – ist aber auch Ausdruck einer anderen Angst: vor dem Fremden, vor dem Chaos und gleichzeitig vor dem Nicht-Dazugehören. Wie übertriebenes Schminken bei manchen Frauen entstammt der übersteigerte Zug zur Reinlichkeit fast immer auch einem starken subjektiven Unvollkommenheitsempfinden, dem Versuch, sich zu optimieren und dadurch für Anerkennungserlebnisse zu qualifizieren, die bislang eher ausgeblieben sind. Dieses Gefühl ist eine typisch deutsche Erfahrung und spricht nicht für eine besonders liebevolle Erziehungstradition. Es setzt sich auf übergeordneter Ebene fort: Hier hat es historisch mit der mangelnden

Eignung deutscher Städte zu tun, neben Wohnort auch symbolisches Zentrum zu sein. Das Gefühl, dass die Post woanders abgeht, ist bei uns immer schon sehr stark gewesen und hat Reflexe verschiedener Art heraufbeschworen. Tatsächlich wird im ländlichen Raum bis zum heutigen Tag am Samstagnachmittag auch noch der Bürgersteig gewienert.

Der dazugehörige Gegensatz ist der deutsche Schmuddel. Dem Deutschen gelingt nur schwer ein unverkrampftes Verhalten im Spannungsfeld dieser Pole. Entweder steril bis in die Ritzen – oder Schmuddel-Look und Siff ohne Ende. So schrecklich die miefige »Kehrwoche« auch ist – von genau derselben überzogenen Art ist das krampfhafte Aufbäumen gegen jede Form der Ordnung und Sauberkeit in Sponti-Kreisen. Der Spießer ist der, der den Dreck wegmacht und den Müll trennt – daher wird es für manchen schon zur moralischen Protesthandlung, wenn er leere Batterien in den Biomüll schmeißt oder im Treppenhaus untätig bleibt, bis sich Staubflusen von der Größe jener vom Präriewind übers dürre Land gewehten Gestrüppkugeln bilden, die im Western innere Verlassenheit symbolisieren sollen. (→Wagenpflege, →Besenreines Hinterlassen von Liegenschaften)

Abzocke

Der Deutsche – eine arme Sau. Überall wird er heute abgezockt. Abzocke bei Internet-Geschäften, beim Jahresvertrag mit dem Fitness-Studio, beim Gebrauchtwagenkauf sowieso. Vor der Tür lauert der Mann von der GEZ, als Patient wird man über den Tisch gezogen – und selbst im wohlverdienten Ruhestand hört es nicht auf: »Abgezockt und totgepflegt. Alltag in deutschen Pflegeheimen« lautete zuletzt ein Bestseller von Autor Markus Breitscheidel. Kein anderes Volk fühlt sich rund um die Uhr so grundsätzlich, systematisch und von innen heraus betrogen wie das deutsche. Sich abgezockt zu fühlen, ist die deutsche Schwester der amerikanischen Paranoia. Bedrängt die Menschen dort das Gefühl größtmöglicher Verloren- und Verlassenheit im Meer der Möglichkeiten, ist bei uns die gegenteilige Erfahrung ausschlaggebend: Das Gedränge im deutschen Raum stimuliert in den Deutschen gerne das Gefühl, jemand greife ihnen im Handgemenge unbemerkt in die Tasche. Der Blick des Deutschen auf seine Umgebung ist daher ein allzeit aufmerksamer. Im Fall einer aufgedeckten Abzocke zieht der Deutsche das Augenlid mit dem Zeigefinger nach unten und signalisiert dadurch »Holzauge sei wachsam!« – was so viel heißt wie: »Mit mir nicht. Ich lass mich nicht verarschen!« Verbraucherzentralen, Abos von irgendwelchen Testheften und allerhand andere Sicherheitsvorkehrungen sollen uns vor der Abzocke schützen – vor dem ewigen deutschen Gefühl, beschissen zu werden. Sie sollen verhindern, dass andere auf unsere Kosten abkassieren. Erstaunlich ist, dass der ordnungsliebende Deutsche noch nicht einmal dem Staat über den Weg traut – Fälle von angeblicher Abzocke nicht nur in der freien Wirtschaft, sondern auch durch Finanz- oder gar Ordnungsämter füllen ganze Fernsehsendungen. Im TV-Verbrauchermagazin wird der Widerstand organisiert. Es ist wie ein Fenster in die ewig geprellte deutsche Volksseele. Jede Woche warnt es vor Neppern, Schleppern, Bauernfängern, von denen es bei uns nur so zu wimmeln scheint. Die »Stiftung Warentest«, an sich eine durchaus sittenbefördende Einrichtung, findet nicht nur Giftstoffe in Orangenschalen, sondern auch Mängel in der Reißfestigkeit und dem Kurvenverhalten von Klopapier. »Vertrauen ist gut, Kontrolle besser«. Die deutsche Test-Gläubigkeit entstammt einem Ur-Misstrauen der Welt gegenüber und tritt an, dieses zu bekämpfen. Sie geht so weit, dass wir sogar Produkte kaufen, die wir gar nicht brauchen, nur weil sie im Öko-Test gut weggekommen sind. Und doch ist der Preis hoch: Fast immer geht ein solches Denken auf Kosten grundsätzlicher Lockerheit, auf Kosten eines Glaubens, der da sagt: »Der Herrgott wird's schon richten!« Kontrolle will das Leben zum Guten zwingen, sie schafft am Ende aber einen neuen Krampf: den Stress, sich im Dschungel einer Kultur zurechtzufinden, die sich unaufhörlich selber testet, weil sie sich nicht geheuer ist. Meistens bleibt man ohnmächtig zurück. Bestellt noch eins. Aber nicht einmal das Bier schenken sie noch bis zur Eichmarke ein. Saubande, elendige. (→Preis-Leistungs-Verhältnis, →Schnäppchenjagd, →Auswandern)

Achselhaar, weibliches

Der Zug zur Natürlichkeit (→Nacktbaden, Nackttanzen, Nacktgrillen) und der feministische Individualismus sind – im Großen und Ganzen – zwei begrüßenswerte historische Mentalitätsphänomene des deutschen Geistes. Allerdings stellen sie die deutsche Frau der Gegenwart vor schwerwiegende Probleme – dort nämlich, wo es um die Gestaltung und Modellierung des eigenen Körpers geht: Wie viel Styling ist erlaubt, um nicht gleich mit dem eigenen Gewissen, vulgo: der inneren Alice Schwarzer Ärger zu kriegen, die da sagt: »Vorsicht

Ingeborg! Du wirst Dir als Frau untreu und begibst Dich unter das Joch eines sexistischen, männlich definierten Rollenideals!« Wie viel Attraktivität darf geformt sein? Wie kurz der Minirock, wie hoch die Hacken, wie viel *Make-up* ist erlaubt, wie zurechtgemacht darf der weibliche Leib sein, ohne als »unnatürlich« zu gelten, ohne seine Individualität zu verlieren? Wann droht der puritanische Vorwurf der unanständigen »Putzsucht«? In diesem Krampf ums Wesentliche befangen, scheint es, wie so oft im deutschen Wesen, nur ein »Entweder-oder« zu geben: entweder Aufrichtigkeit in der Gesinnung oder Sexappeal: Beides zusammen geht scheinbar nur sehr schwer. Und so entscheidet sich die Frau im Zweifel für die sittlich sichere Seite, weil sie glaubt, nur so als denkender, fühlender und gleichberechtigter Mensch wahrgenommen zu werden – und nicht nur als männliches Beuteobjekt. Sie nimmt alles in sich zurück, was Frau ist, und betont den Menschen (siehe: Angela Merkel). Auch wer den deutschen Frauen eine gewisse Resistenz gegen den US-amerikanischen Körperkult hoch anrechnen will, wird vielleicht doch auch einräumen, dass ja auch dieser im Kern etwas durchaus Verwertbares, ja volkscharakterlich unbedingt mit Gewinn zu Integrierendes hat: die ästhetisch wohltuende Epilation weiblichen Achselhaars. Sie hat sich gerade in Deutschland noch lange nicht durchgesetzt. Es sei nur an die Sängerin Nena erinnert, die es Mitte der Achtziger als eine der wenigen deutschen Pop-Interpretinnen schaffte, mit dem Song »Neunundneunzig Luftballons« in die internationalen Charts zu kommen – was ihr vor allem die Angelsachsen durchaus gönnten, die aber gleichzeitig nicht verstehen konnten, wie diese Top-Platzierung mit der Tatsache in Einklang zu bringen war, dass die Sängerin ihren Song im Video zum Vortrag brachte und dabei eine Art ärmelloses Unterhemd trug, bei dem links und rechts unter den Achseln erhebliche Mengen an Körperhaar herausbüschelten, bei jeder rhythmischen Bewegung der Sängerin mithüpften und im Studiowind wirbelten wie die neunundneunzig Luftballons selbst. Gerade die Entfernung weiblichen Körperhaars gilt deutschen *Brigitte*-Leserinnen bis heute als eine kosmetische Praxis, die die Unterdrückung der Frau unter Beweis stelle und mithin für Emanzipierte nicht in die Tüte komme. Rebellion und Epilation scheinen der deutschen Frau vielfach unvereinbar. Wenn sie wüsste! In den tausend Schönheitssalons von Paris kann Frau sich dort vom Kinn abwärts so ziemlich alles abzupfen lassen, was da wachsen sollte – und tut es! Und das im Mutterland der Revolution!

ADAC-Verkehrsübungsplatz

Die Behauptung, dass Deutschland viele wunderbare und großartige Seiten habe, wird gerne mit der Existenz des ADAC belegt. Dabei wäre es doch einmal ein lohnender Auftrag für einen →investigativen Journalisten, herauszubekommen, wie es denn nur sein kann, dass man bei der TÜV-Hauptuntersuchung mancherorts zehn Prozent Ermäßigung erhält, wenn man ADAC-Mitglied ist. Und das ist nur eines unter vielen Anzeichen für die unsittliche Unterwanderung von Staat, Recht und Ordnung durch diesen mafiaähnlichen Groß-Lobbyisten in der deutschen Politik. Man beachte die Regel, die hier greift, und übertrage sie auf andere Bereiche: Ab einer gewissen Dreistigkeit scheint die

Öffentlichkeit zu akzeptieren, dass Privatinteressen zugleich öffentliche sein können (→Europa-Park Rust): Wie anders lässt sich etwa erklären, dass die deutsche Fußball-Nationalmannschaft auf dem Nationaltrikot neben dem Bundesadler auch den Mercedes-Stern trägt – als ob auch dieser eine Insignie unserer Nation sei. (Wahrscheinlich bekommen demnächst Nationalspieler beim Kauf eines Mercedes Benz zehn Prozent Rabatt pro Länderspiel-Tor.)

Dem ADAC haben wir vor allem eines zu verdanken: mehr Sicherheit im deutschen Straßenverkehr. Was sich diesem Ziel in den Weg stellt, wird geschleift, gefällt, gekappt: Früher waren das mittelalterliche Stadthäuser, die für die tanklastertaugliche Ortsdurchfahrt geopfert wurden, heute sind es Alleebäume, ach was: ganze Landschaften.

Die Gründungsidee: Der Mensch ist dem Menschen ein Wolf (Hobbes), und weil draußen in der Wildnis so viele Gefahren lauern, gilt es, alles Straßenbaumögliche zu tun, dass man irgendwann gar nicht mehr aussteigen muss. Sitzend und trockenen Fußes von Suburbia bis zur Zugspitze. Feindberührung ausgeschlossen. Das Auto – ein mobiler Abstandhalter zur Welt. Wer den ADAC begreifen will, vergleicht ihn am besten mit Scientology. Er ist eine Sekte. Im Unterschied zu Scientology hat er deutsches Denken bereits fest im Griff und gleichgeschaltet. Er ist kein funktionales, sondern ein gesinnungsethisches Bündnis all derer, für die der Himmel ein großer Verkehrsübungsplatz ist, auf dem →befugte Menschen Fahrstreifenwechsel rechtzeitig per Blinkzeichen ankündigen. (→Wagenpflege, →Hymermobil)

Akku-Schrauber

Seit jeder meint, er könne es, sieht die Welt auch so aus. Die Verlagerung öffentlicher Gestaltungsfragen von den alten Handwerker-Zünften und Bauhütten in die Hände der deutschen Do-it-yourself-Branche und ihrer Jünger hat in diesem Land schwerere Schäden angerichtet als beide Weltkriege zusammengenommen. Vor allem der Akku-Schrauber ist dabei das Werkzeug, das dem Heimwerker den Allmachtsglauben an die eigene Schöpferkraft einflößt. Tatsächlich wird ein Großteil des deutschen Pfuschs von dieser Allzweckwaffe verursacht. Er darf heute in keinem Haushalt fehlen, ist fast schon wichtiger als ein Telefon. Weshalb ihn auch jedes Provinzblatt als Werbeprämie für Neuleser anbietet. Mit ihm wird alles zusammengemurkst, was nur geht. Nicht nur Gartenzäune und Baumhäuser für die Kinder entstehen so in Windeseile, auch alte Tennisschläger und E-Gitarren macht man so im Handumdrehen wieder fit. Irre. (→Eigenheim)

Aldi, Lidl etc.

Hier ist alle Hoffnung auf Heil verloren. Dies sind die Palliativstationen der deutschen Kulturnation. Abhilfe könnte einzig ein »Nationaler Ethikrat zur Wiederverankerung von sittlichen Grundlagen im Lebensmittelhandel« schaffen – allerdings nur, wenn er mit militärischen Befugnissen ausgestattet wäre. Das Weh fängt schon außen an: Baracken-Zweckarchitektur, wie man sie von Gefangenenlagern in faschistischen Regimen kennt. Dann das Entree: eine Demütigung. Ein entsetzlicher Gestank schlägt denen entgegen, die hier eingehen. Eine Mischung aus scharfen Putzmitteln, alten

Spüllumpen und vergärendem Lummelgemüse. Innen scheiblettengelb gefliest (→Abwaschbarkeit), Neon von oben, dazwischen Ware, die von der Palette wegverkauft wird. Der Orwell'sche Geist der Apokalypse weht durch die Regale. Orte ohne Liebe, ohne Lust. Es regiert die Nur-Einsneunundneunzig-Gesinnung. Discount-Alarm und Dauertiefstpreise. Drei Viertel der Deutschen kaufen regelmäßig bei Aldi. Das hält nur ein Volk durch, das seine kulinarische Moral an der Garderobe abgegeben hat, gutes Essen aber aktiv, ja aggressiv geringschätzt. Essen darf nichts kosten, anderes schon: der neue Plasma-Bildschirm zum Beispiel, oder die neuen Nappaleder-Bezüge für die Autositze. Damit das zu finanzieren ist, tut's fürs Grillfest auch der Aldi-Schweinenacken für 99 Cent mit dem neonroten Haltbarkeits-Alarm-Preisaufkleber. So sind wir halt. Nicht nur die deutsche Unterschicht, die es sich nicht leisten kann – nein, auch wir, die Bessergestellten der bürgerlichen Mitte, schalten auf Durchzug. Ein durchschnittlich verdienender Franzose gibt bis heute fürs Essen das Doppelte bis Dreifache dessen aus, was Deutsche bereit sind zu investieren. Wir stehen lieber bei Aldi und Lidl Schlange. Damit uns nicht mehr die Schamesröte ins Gesicht schießt, haben wir den Einkauf, wie etwa auch das Lesen der →BILD-Zeitung, kurzerhand zum Kult erklärt. So verbrämt man heute ganze Zivilisationsrückschritte.

Aber so bekommt man auch, was man verdient: Der Genuss ist raus aus dieser Idee vom Essen und Trinken. Dafür sucht er sich ein neues Feld und verlagert sich auf den eigentümlichen Spaß, für fast nichts etwas geschenkt zu bekommen. Der Verkaufstrick: nirgendwo auch nur ein Hauch jener »bezaubernden Überflüssigkeit«, die Stefan Zweig in Wien und Paris, nicht aber im protestantischen Berlin erlebte. Die hübsche Verpackung wird weggelassen – das schätzen Deutsche, denn sie haben vielfach ein angespanntes Verhältnis zum Drumrum. Jeder Aufwand in der Inszenierung, in der Verpackung ist ihnen suspekt – und wird ihnen schnell zur Mogelpakkung. Wo außen hui ist, kann innen nur pfui sein. Charme ist für viele Deutsche eine unmittelbare Vorform des Betrugs: Wo es wie beim Einkaufen ums Geldausgeben geht, weckt das nett Hergerichtete oder, wie man gerne sagt, der »ganze Schnickschnack«, augenblicklich Misstrauen; wo gänzlich darauf verzichtet wird, wird Redlichkeit vermutet. Auf spartanische Bedürfnisdekkung reduzierte Läden genießen somit höchstes Vertrauen. Der Deutsche liebt es, »sich auf das Wesentliche zu konzentrieren«, und meint dann noch, es sei das Allerbeste. Das ganze Gelaber von »Qualität muss nicht teuer sein«, das man hier auf die Spitze treibt, entpuppt sich bei näherem Hinsehen allerdings lediglich als Einhalten der Minimalanforderung, wenigstens halbwegs schadstofffreie 08/15-Produkte anzubieten. Die Hässlichkeit, die Ramschatmosphäre, das Gefühl, hier bleibt keiner auch nur eine Sekunde länger, als er muss – die kalkulierte Unmöglichkeit, in diesen Hallen zu bummeln, das wäre noch nicht einmal das Schlimmste; und dass hier Angestellte aufs Blut ausgebeutet werden, dass es keine Kommunikation zwischen Kunde und Händler gibt, dass hier eine Friss-oder-stirb-Mentalität herrscht – auch das ist nur ein Teil des Schreckens. Unsittlich zuallererst ist die Gesinnung, die hier herrscht: eine Ideologie, die Ernährung auf ein freud- und liebloses Stillen körperlicher Bedürfnisse reduziert, die sich nicht dafür interessiert, woher die einzelnen Nahrungsmittel kommen und ob sie gut oder schlecht, hoch- oder minderwertig sind – diese ganze dumme Gleichgültigkeit gereicht uns zur höchsten Schande – umso mehr, als wir die deutsche Billigdiscounter-Idee auch noch erfolgreich ins Ausland exportieren.

Alptraum Kunde

Deutschland kennt beides: eine Service-Wüste mit extremem Trockenklima – und einen Alptraum, der Kunde heißt. Man ärgert sich zu Recht über schlecht gelauntes Personal in Dienstleistungsberufen oder in der Gastronomie, vergisst aber zu oft, dass es nicht nur Dienstleistende gibt, die nicht mehr resozialisierbar sind, sondern auch Kunden. Drei Kategorien gibt es da. Die Unqualifizierten, denen selbst ein Mindestmaß an Basiswissen abgeht. Das sind die, die Ferran Adrià für ein italienisches Seebad halten und denen eine *mousse au chocolat* nicht süß genug ist, weil sie sie nicht von Nutella unterscheiden können. Dann die mit *Know-how*, aber Borderline-Syndrom, die immer ein Haar in der Suppe finden: Menschen, die alles zurückgehen lassen und deren Wein immer nach Kork schmeckt. Schließlich solche, die an ihrem Verdruss selbst schuld sind, dies aber nicht zugeben wollen. Das sind die, die beim Entdecken eines selbstverursachten Fettflecks auf dem Furnier ihres neuen IKEA-Billigregals sofort zum Beschwerdetelefon greifen und die Worte: *augenblicklich*, *Schadenersatz*, *Schweinerei*, *Betrug*, *umgehend*, *Preisnachlass*, *Schmerzensgeld*, *verklagen* abfeuern, noch bevor sich der Mitarbeiter mit vollem Namen gemeldet hat.

Vor allem scheinen Deutsche eines nicht recht zu begreifen: Wer nur noch auf →Schnäppchenjagd geht, und auch für die existenziellen Dinge des Lebens nicht bereit ist, ein paar Euro mehr auszugeben, senkt ganz automatisch die Reklamationstoleranz der Anbieter. Wenn das Billigregal für 29 Euro aus dem Leim geht, kann die Beschwerde unmöglich mit derselben Entrüstung ausgesprochen werden, mit der ich ein defektes Möbel für 2.900 Euro reklamiere. Auch wenn der Service im Urlaubshotel auf Ibiza nicht stimmt, sollte man sich vor dem Gang zum Manager immer in Erinnerung rufen, was der Spaß gekostet hat. Hat man nun 1.500 Euro für fünf Übernachtungen ausgegeben – oder 150? Billigtarif oder höchste Qualitätsansprüche – beides zusammen geht nicht. Wer Aldi kauft, kriegt eben Aldi.

Anführungszeichen in die Luft malen

Wer etwas nur »in Anführungszeichen« sagt, hat vorher nicht sorgfältig genug überlegt, was genau er sagen will. Weil offenbar immer mehr immer weniger überlegen, bevor sie den Mund aufmachen oder etwas niederschreiben, wird immer mehr »in Anführungszeichen« geschrieben – und auch gesagt. Wenn man was »in Anführungszeichen« sagt, zieht man den Kopf ein, bildet mit den Zeige- und Mittelfingern beider Hände zwei Häkchen und lässt sie neben den Ohren in der Luft zweimal von oben nach unten streichen. Das Reden (wie auch das Schreiben) »in Anführungszeichen« ist eine Art Vollkasko-Versicherung für Leute, die ziemlichen Mist reden, aber ihr Mundwerk nicht im Zaum halten wollen: Da man nur »in Anführungszeichen« gesprochen hat, kann einem später keiner einen Strick daraus drehen und einen für das Gesagte verantwortlich machen. Und sollte sich eine Aussage wider Erwarten als originell, ja wertvoll erweisen und Zustimmung, gar Applaus ernten, stören die Anführungszeichen gar nicht mehr – und der Sprecher lässt sie weg, wenn er denselben Satz das nächste Mal von sich gibt. Anführungszeichen-in-die-Luft-Maler haben manchmal schon einen Krampf in den Zeige- und Mittelfingern ihrer beiden Hände: Ihnen könnte man raten, doch einfach ihren gesamten Redebeitrag einmal am Anfang und 43 Minuten später am Ende in zwei große, alles Gesprochene umfassende Anführungszeichen zu setzen – dann könnten sie ohne Rücksicht auf die einzelnen Satzbruchstücke frei von der Leber weg reden und wären rundumversichert. Da bei manchen Zeitgenossen sogar schlicht alles, was sie von sich geben, nur in Anführungszeichen zu werten ist, könnte man für sie erwägen, ab dem Erreichen der Volljährigkeit die gesamte Existenz – durchaus in einem verbindlichen Akt – in Anführungszeichen zu setzen; die Abführungszeichen folgen dann bei der Aussegnung. Auch vorstellbar wäre, besonders eifrige Anführungszeichenmaler mit einem Kopfgestell und zwei neonfarbenen, blinkenden Anführungszeichen zu versehen, die links und rechts in Stirnhöhe angebracht wären und der Umgebung signalisierten, dass hier einer nur in Anführungszeichen redet, ach was: lebt.

Und noch etwas anderes in Anführungszeichen: Was ist eigentlich der Unterschied zwischen Gasgeruch und »Gasgeruch«? Beim letzten Ablesen haben die Stadtwerke an unserem Gaszähler ein Schild angebracht, auf dem steht: *Vorsicht bei »Gasgeruch«!* Was jetzt? Richtiger Vollgasgeruch und dann volle Deckung? Oder Vorsicht nur bei, ja genau, bei was denn jetzt? Bei so was Ähnlichem wie »Gasgeruch«. Wie riecht eigentlich »Gasgeruch« im Unterschied zu Gasgeruch?

Aufschnitt

Wahrscheinlich hundert Gramm für nur neunundneunzig Cent. Dankeschön, bitteschön, Wiedersehen. Aufschnitt sowohl im Wurstwaren- als auch im Käsewarensegment ist ein eindeutig deutsches Symptom. Dem französischen Freund pikanter Molkereiprodukte würde es wohl das Käsemesser verbiegen und schon im Laden vollends die Fingernägel aufrollen, wagte es eine Verkäuferin an der Käsetheke, ihm drei oder vier Käsesorten wahllos zusammenzuschichten und in einem Päckchen verschweißt auszuhändigen. Bei uns aber geht das: Tilsiter, Edamer, Emmentaler in einem, das ist der deutsche Sonderweg. Genauso in der Metzgerei: Hier piekst uns das Fleischereifachfräulein auf Wunsch wahllos allerlei Einzelsorten auf einen Haufen und fragt am Ende: »Darf's auch ein bisschen mehr sein?!« Im deutschen Aufschnitt kommt mindestens dreierlei zum Ausdruck: das praktisch-effiziente Denken von den drei Fliegen mit einer Klappe, dazu jene spezifisch deutsche Entscheidungsunfähigkeit, die eher einem Zuviel als einem Zuwenig an Nachdenken entspringt und am Ende lähmend wirkt, und schließlich das Akzeptieren der Minderwertigkeit der Nahrung selber, denn es liegt auf der Hand: Die einzelnen Sorten, aus denen sich der Aufschnitt zusammensetzt, können unmöglich besonders wertvoll sein, sonst würde man nicht in Kauf nehmen, dass sich der einzelne Wohlgeschmack mit dem der anderen Einzelteile einfach so vermischte, ja sich in ihnen verlöre – das aber genau geschieht in einer Aufschnitt-Zusammenstellung. Der Aufschnitt ist am Ende eine Variante des deutschen Eingeständnisses, nicht nur der Wurst, dem Käse, dem guten Essen, sondern den guten Dingen des Lebens allgemein eher wurschtig gegenüberzustehen. (→Kalbsleberwurst, streichzart, im Golddarm)

Auswandern

In den Neunzigern gab es in Freiburg im Breisgau einmal einen Mord an einem Türken auf offener Straße. Motiv: Ausländerfeindlichkeit. Wir waren entrüstet. Ein Bekannter so sehr, dass er allen Ernstes in Erwägung zog, umgehend dieses Land zu verlassen. »Nu mach' mal halblang«, dachte ich, traute mich aber nicht, das auch auszusprechen. Ein sehr deutsches Phänomen: Deutschland trotzig den Rücken zu kehren – aus ideologischem Ressentiment, oder auch nur des Wetters wegen. Atomare Bedrohung, Zivilisationsmüdigkeit, Rassismus? Ab nach Australien, Lanzarote oder auf die Finca nach Mallorca. Aber auch die Wirtschaftsflucht boomt wieder. Nicht durch den nackten Überlebenswillen wie im neunzehnten Jahrhundert ist der Exodus heute motiviert, sondern durch günstigere Steuersätze in der neuen Heimat: »Good bye, Deutschland – die Auswanderer bei VOX« heißt eine Fernsehsendung. Eine Mutter spricht in die Kamera: »Was einem in Deutschland der Staat so abknapst, da bleibt einfach nicht viel über.« (Und ist später ganz baff, dass es in Portugal weder Kinder- noch Wohn- noch Kilometergeld gibt.) Man stelle sich das einmal vor: Ein fettes Land, an dessen Grenzen täglich illegale Einwanderer »aufgegriffen«

und dann »abgeschoben« werden, Einwanderer, die wegen des besseren Lebens zu uns kommen wollen – einem solchen Land mit saftigen Weiden kehren tatsächlich Menschen den Rücken, aus wirtschaftlichen Gründen – mit den Lieblingszielen USA, Schweiz, Skandinavien, Niederlande. Crazy. Von einen Wirtschaftsparadies ins andere. Luxusmigration könnte man das nennen. Fast 150.000 sind 2005 emigriert, so viele wie seit fünfzig Jahren nicht mehr. In solchem Radikalismus kommt dreierlei Deutsches zum Vorschein: die Überzogenheit einer moralischen Empörung über das deutsche Unwesen, aus rein persönlicher Frustration geborener politischer Extremismus und die Disposition, sich zum Opfer zu stilisieren (Beleidigte-Leberwurst-Symptom). Wenn uns schon keiner bemitleidet, tun wir uns wenigstens selbst leid. Hier etwas mehr auf dem Teppich zu bleiben, täte allen gut und beförderte obendrein die Sittlichkeit. Eigentlich ist es nämlich so: Überall ist es besser, wo wir nicht sind. Und auch in der Rhön ist es schön.

Auto-Aufkleber mit Gesinnungsbotschaft

Den Deutschen drängt es mehr als andere, seine Gesinnung nach außen zu tragen. Ob auf dem Motto-T-Shirt (I❤NY) oder auf der Kaffeetasse im Büro (»Ich bin der Boss!«). Schon Luther schlug seine Thesen an die Wittenberger Kirche und sagte später – angeblich – zu Kaiser Maximilian: »Hier stehe ich und kann nicht anders.« Auch den Deutschen der Gegenwart drückt es ähnlich – und er schafft sich Erleichterung durch den Bekenntnisaufkleber am Auto, das nirgends auf der Welt so sehr als Gesinnungs-Visitenkarte des Fahrzeughalters dient wie bei uns.

Zwar sind die Zeiten vorbei, in denen manche vor lauter Aufklebern nicht mehr recht aus dem Inneren ihres VW-Käfers hinaussehen konnten. Daraus zu schließen, die Aufkleber-Marotte hätte sich erledigt, wäre falsch. Man dosiert nur sparsamer heute. Dem einen Aufkleber kommt dann aber umso mehr Bedeutung zu. Der liegende Fisch in Regenbogenfarben bezeugt bibelfeste Hardliner unter bekennenden Christen, »Ben on tour« wirbt nicht nur für mehr Rücksicht im Straßenverkehr, sondern auch für mehr Kinderfreundlichkeit in einer grausamen kalten Welt. »Gegen Rassismus« bedeutet, dass der Betreffende nicht für Rassismus ist, der Sylt-Aufkleber, dass jemand mehr als 50.000 Euro netto im Jahr verdient (oder gerne verdienen würde), »Abi 07« weist auf die akademische Eintrittsqualifikation des jugendlichen Wagenführers hin (»Hauptschulabschluß 1998« oder »Scheidung 06« sieht man hingegen seltener.) »God bless John Wayne« signalisiert gesteigerten Freiheitsdrang, wohingegen *BÖHSE ONKELZ* Unzufriedenheit mit dem Bestehenden schlechthin indiziert – zumal im ländlichen Raum. (→Provinzraser, →Landgasthof) »Jägermeister« weist auf einen irgendwie nonkonformistischen Sympathisanten des Braunschweiger Kräuterschnaps-Labels hin, »Kenwood« auf den unterhaltungselektronisch versierten Fahrer, der oft im Schritttempo vorübergleitet, um ahnungslosen Passanten, ungerührt wie im Milgram-Experiment, wummernde Techno-Bass-Stöße in die Magengrube zu verabreichen. Umb-umb-umb-umb. Unklarheit besteht dagegen beim aufgeklebten Arschgeweih auf dem Heckfenster. Hier stellt sich die Frage, ob denn das Stammesabzeichen der Fahrerin zwangsläufig das Gleiche ist (→Tattoo-Tata) und was daraus zu schließen wäre. Nur BMW-Fahrer kommen ohne Bekenntnisaufkleber aus, hier macht schon der Wagentyp klar, wes Geistes Kind der Fahrer ist.

Dem Bekenntnis-Aufklebertum korrespondiert die deutsche Lust am Tragen von Motto-T-Shirts: Ganze Läden verdienen bei uns mit Beflockung und Aufdruck ihr Geld. Gemeint sind T-Shirts, mit Hilfe derer Menschen andere darauf aufmerksam machen, über wie viel originellen Humor sie verfügen. Das kann mal klappen – wie zum Beispiel anlässlich des katholischen Weltjugendtags: »Mach et, Ratze! Köln 2005«. Meistens geht es aber eher schief, wie bei »Ich bin schizophren«, oder »Ab morgen wasche ich mich!« oder »Talentfrei« – für Leute, die sich für besonders gescheit halten, aber zeigen wollen, dass sie trotzdem noch über sich lachen können. (→Komik auf kopierten Zetteln am Arbeitsplatz)

B

Bambi-Verleihung

»Pomp and Circumstances« aus Offenburg in der Ortenau – dem Stammsitz des Hauses Burda. Alle Jahre wieder. Das schlecht gespielte »Ich bin unheimlich nervös«. Alles verpackt in die übliche aufgepumpte grelllaut-parfümierte High-Event-Inszenierung. Dr. Hubert Burda und Gattin Dr. Maria Furtwängler geben wie gewohnt den Fürsten und das Mädchen. Von seinem Platz in der ersten Reihe verströmt der »Professor« Macht und Einfluss und wacht darüber, dass alles so läuft, wie er es gerne hat. Deswegen ist der eh schon unheimlich sympathische Moderator – wahrscheinlich wieder Jörg Pilawa – noch sympathischer als sonst und führt unheimlich nett durch diesen Abend. Das Bühnenbild sieht aus wie ein großes, leuchtendes Nimm-2-Bonbon, in dessen klebrig-süßen Schmelzkern sich in stetem Wechsel die aufgerufenen Kandidaten begeben, um zu ehren und geehrt zu werden. Alles plätschert höhepunktfrei dahin – abgesehen vielleicht von Menschen wie →Sabine Christiansen, die mit der Wahl ihres Festtagsgewandes wieder für leichte Aufregung sorgen. Im Publikum sonst immer dieselben deutschen B-Promis: Wohl ein frisch gewachster Sky Dumont, wahrscheinlich versinkt BILD-Diekmann wieder in seinem Plüschsitz und reibt das Haargel in die Poren seiner Kopfstütze, sicher lächeln Beckmann und Kerner olig um die Wette, gönnerhaft wird der dicke Markwort aus der zweiten Reihe über die Schultern des Fürstenpaares glotzen und vor lauter Staunen bis zum Schluss der Übertragung die eigene Maulsperre nicht in den Griff bekommen. Schließlich wird er ja, wie viele hier, von Burda bezahlt.

Wie beim Oscar gibt es verschiedene Kategorien. In der Abteilung »Charity« werden Menschen gewürdigt, die sich für notleidende Kinder engagieren. Am Ende steht irgendeine internationale Schönheit am Rednerpult, die nicht wirklich weiß, was das hier für eine Veranstaltung ist. Sie wird ihren Ehrentext in gebrochener deutscher Sprache ablesen und dafür einen Riesenapplaus erhalten. Am Ende schieben sie wahrscheinlich den 129-jährigen Johannes Heesters vor den Vorhang. Denn wenn schon sonst nichts für die zum Finale obligatorischen *standing ovations* sorgt – der Kampf gegen Kinderleid und die Gebrechlichkeiten des Alters (Kategorie unbekannt) tun es in jedem Fall. Aber es hilft alles nichts: Der Bambi will kein zweiter Oscar werden, sondern bleibt ein provinzieller Kirmes-Bembel. Die symptomatische Not des deutschen Besitzbürgertums, auch im schwierigen Gelände der Künste etwas gelten zu wollen, beschwört allzu groteske Ungeheuer herauf – und so garantiert diese reinrassige Selbstfeier deutscher →Mittelstandskultur alle Jahre wieder ein konstantes Peinlichkeitsniveau. Und das ist ja auch schon was.

Bananen-Weizen, Cola-Weizen

Höchste, gewachsene Sitte, obendrein durabel gemacht und garantiert durch das deutsche Reinheitsgebot, vermischt sich in dieser Geschmackstragödie sondergleichen mit dem Glücksempfinden, das ansonsten Hipp-Baby-Nahrung auslöst. Ein Cocktail, der gerade alles vornehme Deutschsein besonders abstraft, zurücksetzt und ersäuft. Deutsches Bier mit Bananensirup oder Coca-Cola versetzt: Das ist wie ein Leonardo da Vinci, der mit Fingerfarben besudelt wird. Oder ein Pinot noir aus den besten Lagen Burgunds, verschnitten mit Ahoi Brause. Ausdruck auch für ein regressives Geschmacksempfinden, Konsument: der Berufsjugendliche. Wohl bekomm's. (→Latte macchiato, →Lecker)

Barfuß tanzen auf Partys

Wenn die ökologische Linke – wie sie idealtypisch in Freiburg im Breisgau zu Hause ist – einmal wieder ein Fest veranstaltet, bestellt man dazu gerne eine zottelige Ethno-Gruppe ein, die viel Percussion bietet. Dann dauert es nicht lange, bis die Tanzfläche in der alten Fabrikhalle voll ist. Frauen mit Doppelnamen (Belinda Nüßle-Hennigmeyer) beginnen, sich im *free style* rhythmisch um die eigene Achse zu drehen, mit geschlossenen Augen Kopf und Pelz zu schütteln, mit den Händen abwechselnd durchs offene Haar zu fahren und sie dann wieder nach ganz oben gen Saaldecke zu recken. Warum sie dazu auch noch gerne ihre Schuhe ausziehen, erschließt sich nicht ohne weiteres, ist aber Teil des Rituals. Es geht wohl darum, frei zu sein, sich zu be-freien, sich frei zu machen. Eine andere, nicht weniger schlüssige Erklärung könnte sein, dass solche Frauen auch in den anderen Bereichen ihres Lebens immer die Schuhe ablegen, wie zum Beispiel im Yoga-Kurs, bei der Beckenbodengymnastik, beim Kinderfest im Kindergarten, beim Ayurveda-Wochenende in Denzlingen oder beim Kreativ-Workshop mit Micha. Warum also nicht auch hier? Die Unsitte des Barfußtanzens geht mit dem deutschen Hang einher, bei anderen zu Hause grundsätzlich die Schuhe auszuziehen, insbesondere bei Parties. Da sieht man dann Männer in Anzug und gewaxtem Haar, die in Socken übers Parkett-Imitat watscheln, um sich noch einen Pinot Grigio zu holen. Dazu nicht unattraktive Frauen, die mit ihren Feinstrümpfen den Tretford-Boden reiben, während sie sektflötenschwenkend ins Gespräch vertieft sind. Manchmal erhält man auch vorher einen Anruf vom Gastgeber: »Sag mal, könntet Ihr heute Abend bitte Hausschuhe mitbringen – sonst ist morgen die ganze Wohnung voller Dreck.« Keiner Französin, keiner Amerikanerin, keiner Spanierin: schlicht keiner Außerdeutschen würde es einfallen, als Gast ihre Pumps abzulegen – und genausowenig ihren Männern die Halbschuhe. Der Deutsche macht da anstandslos mit. Er feiert, ja er flirtet sogar in Filzlatschen oder dikken Socken. Schließlich kommt es ja auf die →inneren Werte an. (→Nacktbaden, →Achselhaar, weibliches)

BARG (= *Basking in Reflected Glory)*
Wenn das eigene Team verliert, haben »die« verloren, wenn sie gewinnen, haben »wir« gewonnen. Die Deutschen lieben es, sich mit ihren Helden zu identifizieren. Das tun andere auch. Aber wir sonnen uns auch noch im Ruhm unserer Helden. Egal, ob wir einst Hitler waren oder heute Papst sind, Jürgen Klinsmann oder Evi Sachenbacher-Stehle (Biathlon): Wir haben die eigenartige Neigung, hartnäckiger in den Bannkreis der Glorie unserer Prominenten zu drängen als andere, um ein bisschen Glanz abzukriegen. Bei ihrer zufälligen Begegnung mit Florian Silbereisen auf der Bundesgartenschau in Gera hat sich Erika Madl aus Ingolstadt von einer Freundin ablichten lassen. Heute hängt das Foto eingerahmt über ihrer Couch und wird jedem Gast gezeigt. David Beckham is God – bei uns reicht Florian Silbereisen. Und kein halbwegs druckreifer Gedanke, der nicht

durch das obligatorische Adorno-Zitat abgesichert wird, ob bei Jürgen Habermas oder Eckhard Henscheid. *Name dropping,* motiviert aus Anerkennungsdefiziten. Wahrscheinlich versprechen wir uns vom Aufgehen in der geführten Masse Erlösung von Schutzlosigkeit und Entlastung von der Selbstverantwortlichkeit des modernen Individuums, die wir im Grunde nicht als befreiend, sondern als bedrohlich empfinden. Wir ewigen Angsthasen! (→Eingebildete Bildung)

Bayern München

Große Buben wie Oliver Kahn, die auch noch jenseits der 35 nichts anderes im Sinn haben, als immer nur zu gewinnen, sind bemitleidenswerte Geschöpfe. Andererseits verdanken wir ihnen spannende Fußballspiele. Aber der edelprollige Wahn, das Gekicke mit dem Leben zu verwechseln, obwohl es doch nur eine vom Sandkasten outgesourcte Veranstaltung ist und bleibt und immer bleiben wird, diese Nummer treibt hierzulande der FC Bayern München derart auf die Spitze, dass man sich doch einmal darum kümmern sollte. Sport ist hier längst nicht mehr Sport, sondern eine aufgepumpte Blase aus Schweiß, Geld und Weltherrschaftsanspruch. Nicht ganz so dick aufgetragen – und er diente seinem alten Zweck, der Volksbelustigung. Rezept zur Versittlichung: Um wieder auf den Boden zu kommen, leistet Hoeneß zwanzig Stunden im Altenpflegeheim ab. Kahn hilft im Zoo. Und der Verein? Zwei Jahre Zwangsabstieg in die Zweite Liga. Das wäre gemeinnützig. Wie heilsam das sein kann, erlebten wir zuletzt bei Juventus Turin.

Benzinpreis-Gejammer

Schon morgens auf dem Weg zur Arbeit fällt der Blick des deutschen Autofahrers sorgenerfüllt auf die großen Preisschilder der Tankstellen. Gestern war der Liter doch noch einen Cent günstiger! Verdammt! Deutsche haben eine – von →BILD nach Kräften geförderte – Benzinpreis-Angststörung. Wenn der Liter woanders ein paar Cent billiger ist, nehmen sie manchen zeitraubenden Umweg in Kauf und zwei leere Kanister mit. Gerne fahren sie auch über die polnische oder österreichische Grenze, um auf Vorrat zu tanken. Wenn sie dann billig getankt haben, dann haben Deutsche nicht nur billig getankt, sondern es geht ihnen jetzt seelisch ein bisschen besser. Billig tanken als →Wellness-Maßnahme. Der Benzinpreis ist für Deutsche wie der DAX-Stand: vor allem ein psychischer Wasserstandsmelder. Wenn der Literpreis fällt, laden Deutsche Freunde ein und lieben das Leben. Wenn er steigt, sind sie muffig, wollen sich am liebsten eingraben und sind unfreundlich zu ihren Kindern.

Bepfeffern von Gerichten aus überdimensionierten Mühlen

Zum Beispiel im »Bella Italia« bei Beppo. Man kennt den Wirt persönlich und begrüßt ihn mit Handschlag. Mit verklärtem Lächeln wird es dann gedankt, wenn der Chef zur allgemeinen Würdigung seiner Gäste seinen ersten Kellner mit einer übergroßen Pfeffermühle an den Tisch beordert, auf dass er die Gerichte in einer ausgefeilten und besonders trinkgeldträchtigen Inszenierung gründlich bepfeffere. Zwar wartet man normalerweise nur darauf, dass die peinvolle Prozedur überstanden ist und jene unsägliche Holzröhre, die Beppos Bruder Antonio über den Schulterbereich der Gäste ins Essen wachsen lässt, wieder aus dem Blickfeld verschwindet – doch gerade bei deutschen Paaren in Feierabendlaune überwiegt schließlich doch die Freude darüber, dass man etwas Event umsonst dazu bekommt.

Besenreines Hinterlassen von Liegenschaften

Wenn deutsche Immobilien an Nachfolger übergehen, sollten sie zwar nicht »lupenrein«, aber doch zumindest »besenrein« sein. Noch lieber sehen es Vermieter oder Käufer allerdings, wenn die Räume dazu noch »nass durchgewischt« werden. Dann entsprechen sie dem elften deutschen Gebot, das da heißt: »Bitte hinterlassen Sie die Räume so, wie Sie sie vorzufinden wünschen.« (→Deutsche Bahn AG)

Besserwissen

Normalerweise sind es Lehrer, die alles besser wissen. Auch in Deutschland. Nur ist hier jeder Lehrer. Wo der Geist das Wichtigste ist und nicht der Esprit, der Charme, das Gemüt oder das Geld, wird Besserwissen zum Mittel, sich im Leben zu behaupten. Am Geist entscheidet sich des Deutschen Selbstwert. Nachhilfe erteilt uns Alles- und Nichtswisser Günther Jauch auf RTL in »Wer wird Millionär?«. Besonders unerquicklich wird der Herrschaftsanspruch des Geistes im Reich des Genießens und der Sinne, weil man sich dort eigentlich außerhalb des Schulischen wähnt. Gerade beim Wein zum Beispiel weiß der Deutsche alles besser, und auch in der Kunst. Der deutsche Zwangscharakter will nicht den

Genuss selbst genießen, sondern das Beherrschen. Das Elend ist nur: Der deutsche Besserwisser gibt nicht nur zu allem seinen Senf – meistens hat er dabei auch noch Recht. Allem und allen lässt er seine Bildung angedeihen, zu jedem Anlass: auf der Tribüne im Fußballstadion, auf der Faschingsfete, bei der Beerdigung. Er doziert, obwohl er weiß, dass er sich dadurch unbeliebt macht, aber er kann nicht anders und weiß noch mehr besser. Er kennt den Regisseur jedes Films, die günstigste Autoversicherung und alle Völker dieser Erde. In »Trivial Pursuit« ist er unschlagbar. Erst kurz bevor wir ihm eine reinsemmeln, macht er gerade noch rechtzeitig ein Späßchen. Warum er uns andere Deutsche so tierisch nervt? Wahrscheinlich weil wir a) genetisch bedingt unbelehrbar sind und es b) selbst gerne besser wüssten. Den eigenen Besserwisseranfall unterdrücken wir nur unter Schmerzen. Das ist deutsch: Wir sehen die Pein – und sind selbst nicht frei von der Seuche. (→Verkehrserziehung, →Kulturkritik, →Eingebildete Bildung)

Biker-Gottesdienst

Wenn nach einem harten Winter die Frühlingssonne ihre ersten zarten Wärmestrahlen übers Land schickt und die Natur langsam zu erwachen beginnt, verlassen Bienen, Hummeln und Hornissen ihr Nest. Etwa nach demselben Muster funktioniert auch das Ausschwärmen von Motorradfahrern in die Natur. Bock auf Bike macht bald die Runde – und deutsche Biker zwängen sich in den Leder-Kombi. Bald sieht man sie schmale Passstraßen in unseren Mittelgebirgen hinaufzischen, riskant überholen, und ab und zu verbratzelt es einen bei Tempo 267 km/h. Meistens schwirren Biker rudelweise

aus. Am Biker-Treff wird ein Päuschen eingelegt, man nimmt ein Radler und trifft auf andere Rudel. »Biker willkommen« steht über der Tür. Über so viel Herzlichkeit sind Biker natürlich erfreut. Über »Biker willkommen« beglückt sind aber auch alle anderen Verkehrsteilnehmer, die Erholung suchen. So können sie sich gerade noch rechtzeitig vor Biker-Wirt Richie in Sicherheit bringen. Der trägt ganzjährig ein ärmelloses Shirt mit Totenkopf-Motiv, dazu ein Tuch auf dem Kopf – er würde also bei jedem Kindergeburtstag ohne weiteres als Pirat durchgehen. Man begrüßt sich nach alter Hunnensitte per Faustschlag auf den Oberarm und lacht meckernd, wenn die *chicken wings* an den Tisch kommen.
Die meisten Biker fahren am Wochenende nicht ins Ferienhaus in die Uckermark, sondern zum Internationalen Edersee-Meeting – *dem* »Bike-Event« schlechthin. Dort gibt es dann auch das Unfassbare: einen Biker-Gottesdienst. Pray and Ride. Geleitet von den Biker-Pastoren Leon und Melenay Kriel, die sogar *biker weddings* vornehmen. Mei, oh mei. Das *Dunningen Chapter* und das *Muggenbrunn Gremium* sind auch schon da. Die absolute Bikergottesdienst-Hochburg ist allerdings Bad Doberan bei Rostock. Beim letzten Mal haben dort tatsächlich zehntausend teilgenommen. Die Veranstalter sprachen danach von einem gelungenen Event, das »ohne nennenswerte Zwischenfälle« verlaufen sei. Na, alles andere wäre ja dann auch noch schöner gewesen.
Für Laien: Biker-Gottesdienste sind fast ausnahmslos evangelisch ausgerichtet. Sie finden meist nach Sternfahrten irgendwo unter freien Himmel statt – aber auch in Kirchen. Sogar in der Dresdener Frauenkirche gab es schon kurz nach ihrer Wiederherstellung einen Biker-

Gottesdienst. Dann fährt man aber nicht etwa mit dem Motorrad ins Gotteshaus, sondern parkt es draußen. Gewollt ist aber durchaus, dass man in Kutte vor dem Altar Christi erscheint. Wie die Mönche. Spätestens beim Abendmahl sollte man allerdings den Helm abnehmen. Der Herr sei mit Euch!

BILD

Früher, als noch nicht alles so verlottert war wie heute, war BILD unter gesitteten Menschen so verpönt wie Mundgeruch. Das war klar. Klar war auch: Wer die Schwelle zur BILD-Zeitung überschritten hatte, konnte nicht mehr damit rechnen, in der öffentlichen Diskussion ernst genommen zu werden. Das hat sich geändert. In die BILD traut sich heute jeder, auch die angeblich Seriösen. Die ZDF-Journalistin Petra Gerster breitet dort ihr Rückenleiden aus, Peter Hahne seiert sonntäglich, und auch Lafontaine hat kein Problem damit. Auch in journalistischen Lebensläufen ist BILD längst kein Schandfleck mehr. Früher einmal hätte das Geständnis, für die BILD-Zeitung tätig gewesen zu sein, ebenso sicher das berufliche Aus in einem seriösen Unternehmen bedeutet wie der Nachweis einer informellen Mitarbeitertätigkeit bei der Stasi. Aber der Wind hat sich gedreht. Heute ist eine Tätigkeit bei BILD höchstes Prädikat und absoluter Karriere-Beschleuniger.
Früher war, wer BILD las, peinlich. Im Deutschunterricht setzte man sich schon in der Mittelstufe mit Machern, Blatt und Wirkungsweise auseinander, las die Zeitung in einer Reihe mit dem *Stürmer* als Beispiel für parteiische, fiese Meinungsmache, als Hetzblatt, als Anschauungsbeispiel für Manipulation und tendenziösen

Journalismus, antiliberal, antisozial, sexistisch, intolerant, zynisch – also als das, was sie bis heute ist: unmoralisch. Man muss nur daran denken, in welcher unmittelbaren Nähe zur täglichen Wichsvorlage auf Seite eins auch das Leid sexuell missbrauchter Kinder und Jugendlicher ausgebreitet wird. In der *Süddeutschen Zeitung* beschrieb Willi Winkler die BILD-Berichterstattung über den Serienvergewaltiger der elfjährigen Stephanie R.: »Während der Aufmacher berichtet, wie Mario M. seine pornographischen Phantasien am lebenden Objekt austobte und sich darüber empört, dass der Gefangene in seiner Zelle Sexy Clips schaut, phantasiert der die Brüste irgendeiner Sharleen oder Denise umschmeichelnde Text davon, wie gespannt sie auf den neuen Hausmeister sei, der den Bohrer vorbeibringen will.« Heute ist selbst das salonfähig.
Zu allem Unheil profitiert BILD von einer Unsitte außer Haus: der neuen Akzeptanz des Boulevards auch in den seriösen Medien. Die haben sich verändert, und BILD durfte bleiben, was sie war: ja, sie hat sich noch gesteigert. Irgendwann hat sie begriffen, dass sie eigentlich höchst kleinbürgerlich und geschmacklos ist – eine Realsatire von gestern. Sie tat für ihr Überleben das einzig Richtige: Sie forcierte dieses Merkmal, anstatt es zu tilgen – und war dadurch zeitgeistiger als je zuvor. (Derselbe Kult-Effekt hat etwa auch →Aldi geholfen, aus der Schmuddelecke zu kommen.) Plötzlich war man Tummelplatz nicht mehr für die ganz Scharfen, sondern für Harald Schmidt und Stefan Raab. Man holte die Leser weiterhin bei den Einfältigen der »extremen Mitte«, den Goldkettchenträgern, Hausmeisternaturen und den ganz Strammen dieser Republik, aber zugleich auch bei

denen, die BILD bald für das bessere Satiremagazin im Vergleich zur *Titanic* hielten. Die BILD-Zeitung ist intellektuell höchst schick, seit sowieso alles ironisch oder besser gesagt: alles ironisch lesbar geworden ist (→Anführungszeichen). Seither muss man sie nach dem Kauf nicht mehr wie eine Porno-DVD in der Manteltasche verstecken oder mit der *Süddeutschen* einwickeln, wenn man sie nach Hause schmuggelt – jetzt darf sie auch der kultivierte Mann in aller Öffentlichkeit zeigen, ja lesen. Wie sagte schon Freud? Das Nachlassen der Scham ist der Beginn des Schwachsinns.

Blaulicht-Begeisterung

Die freiwillige Feuerwehr braucht man hierzulande nicht so sehr, damit jemand zum Löschen da ist, wenn es brennt, sondern damit Männer einmal in der Woche einen guten Grund haben, sich außer Haus sechs Halbe mit Korn zu genehmigen. Feuerwehrmann oder Rettungssanitäter wird man nicht aus Nächstenliebe oder um zu löschen, bergen, retten oder gar zu helfen, sondern weil man als Kind immer zu kurz kam, wenn es die Tickets fürs Kinderkarussell gab – und wenn doch, dann war das Feuerwehrauto immer schon besetzt. Jetzt darf man wenigstens am Samstagnachmittag die Hauptstraße mit Blaulicht runterbrettern – und das ist ja auch was. Eine Feuerwache ist so etwas wie der →Europa-Park Rust: ein Spielplatz für große Kinder, denn hauptsächlich mit ihnen teilen Feuerwehr-Enthusiasten ihre Begeisterung. Fernsehsender wissen, dass deutsche große Kinder Reportagen zu Feuerwehr- und Polizeieinsätzen lieben, am besten Blaulichteinsätze auf der Autobahn, Alkoholkontrollen, Geschwindigkeitskontrollen.

Die Deutschen schauen sich im Fernsehen gerne an, wie Tempo- und andere Verkehrssünder ertappt und geschnappt werden. Dann fühlen sie sich selbst wie kleine Ordnungshüter – und lachen sich ins Fäustchen. Schadenfreude ist eben unsere schönste Freude.

BordBistro

Wie wäre es mit einem knusprigen Bistro Baguette, ofenfrisch serviert für nur 4,40 Euro, einer »leckeren Ofenkartoffel wahlweise mit Blattspinat-Champignon- oder Sourcream-Lachs-Füllung« für nur 6,40 Euro oder einfach nur einer Wellness-Gulaschsuppe im BordBistro der Deutschen Bahn AG? Nach dem Genuss drohen zwar augenblicklich Montezumas Rache, Gonorrhöe und Haarausfall, aber dafür gibt's ja dort ein zünftiges Bierchen mit ein paar gewaltbereiten Schalke-Fans, die auf dem Nachhauseweg von der 1:4-Schlappe gegen Bayern sind und dabei erörtern, ob sich vor der Heimkehr ins Revier noch ein Puff-Besuch in Köln zwischenschieben lässt. Oder besser Fachsimpeln über Gina Wild am Stehtisch? Bisschen →BILD lesen? Dazu ein Underberg und eine verbotene Ernte 23? Oder vielleicht etwas Bewegung? Eine Polonaise durch die Erste-Klasse-Wagen und »Steht auf, wenn Ihr Schalker seid!« mitsingen? Oder einfach nur zum Fenster rausgucken und eine gute Zeit haben? Halt Urlaub von Anfang an. (→Deutsche Bahn AG)

Brezel

Das würden die Franzosen nie mit sich machen lassen: eine dem Absturz unserer Brezel vergleichbare Verfallsgeschichte ihres Nationalgebäcks, des Croissants. Noch immer wird sie regelmäßig aufgezählt, geht es um das Gute an Deutschland. Die Wahrheit sieht anders aus. Die Brezel ist am Ende. Liegt am Boden, ganz unten, zerdatscht, zermalmt, geschändet. Das Letzte, was noch von damals geblieben ist, als man schon beim ersten Biss in jenen von einer zarten Salzkruste ummantelten, locker-saftigen Hefeteig am Bauchstück des Gebäcks glücklich wurde, ist die Form: Der Inhalt ist inzwischen von höchstem Übel. Der Grund: Von Flensburg bis Konstanz kümmert sich nicht mehr der Bäckermeister um die Backware, sondern Systemgastronomen wie die Firma Ditsch. Dabei gibt es zwei Varianten: Entweder man gerät an die oft noch heiße, labbrige, klumpig-durchweichte Teigschlinge – die es an »Snack Stationen« auf Bahnhofsvorplätzen, in →Fußgängerzonen vom Ketten-Kioskhäuschen »Die Brezialisten« oder gleich an der Tankstelle gibt. Oder man hält unverhofft eine staubtrockene Backware in Händen, die beim ersten Zubeißen etwa so reagiert wie ein Zementsack, in den man zu Öffnungszwecken eine Maurerkelle rammt. Wenn sie einem dann noch von der »mobilen Brezelverkäuferin« der Deutschen Bahn AG angedient wird, die im ICE-Bahnhof Kassel-Wilhelmshöhe zugestiegen ist, hilft nur noch, sich im Bord-WC einzusperren, bis die Luft wieder rein ist. Von wegen außen knusprig, innen locker. Gerade der besondere Geschmack, den ein Laugengebäck hat, er ist völlig dahin – und man fragt sich und die deutschen Bäcker: Wo ist Eure Ehre geblieben? Oder besser: Deutsche Brezel-Esser, warum lasst Ihr das mit Euch machen? Habt Ihr keinen Stolz?

C

C statt Z

Der deutsche Minderwertigkeitskomplex ist nirgends so sehr zu spüren wie im traumatischen Empfinden der eigenen Provinzialität. Das gebiert Ungeheuer. Um dem unangenehmen Reflex entgegenzuwirken, tut man alles, um kosmopolitisch zu sein – obwohl man doch wissen könnte, dass nichts provinzieller wirkt als Provinz, die großstädtisch sein will. Ein Ausflug nach Baden-Baden macht das klar: Das »C« soll nicht so sehr den Charme der verflossenen Belle Epoque, sondern viel mehr Internationalität herbeizwingen. So gibt es im ortsansässigen Möchtegern-Gourmettempel, dem *Medici,* nicht etwa ein »Zigarren-Kabinett«, sondern ein »Cigarren Cabinet«. Das Ganze nennt ein Mann sein Eigen, dem die Reisebürokette *l'tur* und die Fernsehquoten-Zählfirma *Media control* gehört. Der Firmensitz heißt »Mediencentrum«, sein Inhaber Carlheinz Cögel, pardon Karlheinz Kögel. Und das »C« hat in Baden-Baden grimmige Methode: In die Ortsmitte weisen Schilder, auf denen »Centrum« steht, das altehrwürdige Kurhaus heißt zwar noch nicht »Curhaus«, aber dafür das Kasino längst »Casino«, der »Kongreß« längst »Congress«. Jenen unbewussten Wunsch zum Höheren verraten selbst Straßenschilder im Ortsteil Lichtenthal, die zum »Cistercienserinnenkloster« weisen – Weltläufigkeit auch dort, wo man der Welt entfliehen will.
(→... und mehr)

Comedy und Comedians

Ach ja, der deutsche Humor. In Film und Fernsehen. Große Kontinuität gibt es da, bis heute löst ein Tiefpunkt den nächsten ab. Von Heinz Rühmann über die

Super-Nasen Krüger und Gottschalk bis Jürgen von der Lippe. O jemine. Da hätte man früher einschreiten müssen. Ist man aber nicht. Seit ein paar Jahren meint die Zunft, sie habe es nun raus. Man hat sich ein paar englischsprachige Shows angeguckt und nennt sich nun auch »Comedians« (sprich: Komiiidiens), ein Wort, das sich wie geschmolzener Weichkäse anhört – so wie denn auch der ganze grellbunte Schmodder rüberkommt, der ja auch irgendwie Fäden zieht. Die Serien heißen »Comedy Total« oder »Die Comedy-Falle«, und jetzt gibt es sogar einen eigenen Comedy-Kanal, »Comedy Central« genannt. Und sie wollen endlich richtig witzig sein, also britischer, schriller, skurriler, schwärzer, wahrscheinlich auch augenzwinkernder. Man macht jetzt: Stand-up-Comedy. Im Internetportal www.Alles-Comedy.de wird erklärt, was das ist: »Unter Stand-up-Comedy (wortwörtlich etwa Stegreifkomik) versteht man, dass jemand ohne vorheriges Üben das Publikum zum Lachen bringt.« Tja, vielleicht liegt ja genau darin schon das ganze Problem der Branche.

Früher war fast alles ernst auf der Welt, heute ist alles Komödie. Früher gab es Krieg, Wiederaufbau, nix zu lachen. Darum gab es Komiker, die hin und wieder zaghaft sagten: »Spaß muss sein!« Spaß war eine Insel im deutschen Ernsthaftigkeitsozean der alten Bonner Republik, guter Humor von Loriot, wie die einzige schmackhafte Kokosnuss auf der einzigen Palme auf dieser Insel. Heute ist es umgekehrt. Nur noch taube Nüsse, die auf Ödland herumkullern. Der Ernst ist heute die Insel in der Dauerironie, in die alles und jedes getaucht wird. Dann doch lieber noch Komödie, und zwar echt deutsche, mit Liselotte Pulver. Seit der Tabu-Bruch mainstream ist, langweilt die Ironie. Jetzt bleibt nur noch übrig, in der Lautstärke das Heil zu suchen: scheppernd, polternd, man schmeißt sich weg auf RTL oder SAT.1. Deutsche Comedy – das erinnert an Schüler-Sketche, wirkt wie dauerknülle, hat auch etwas notorisch Bekifftes. Weil kaum einer über die Comedians lacht, lachen sie eben selber über sich: Atze Schröder schüttet sich über Hella von Sinnen aus, Hella von Sinnen über Michael Mittermaier, Mittermaier über Dieter Nuhr, Nuhr über Atze. Damit überhaupt noch jemand lacht, kommen die Comedians periodisch zu Preisverleihungen zusammen, bei denen sie sich unter großem Gelächter gegenseitig Preise verleihen und einander toll finden. Die deutsche Comedy-Szene lebt von der Berauschung an sich selbst – und die Unerträglichkeit steigt. Michael Mittermeier, Bastian Pastewka, Oliver Pocher, Gaby Köster, Cordula Stratmann, Dieter Nuhr, Anke Engelke und grenzdebil: Dirk Bach, der deutsche Danny DeVito für Arme. Wie schön, dass Du geboren bist, wir hätten Dich sonst sehr vermisst, singen heute die Kleinen beim Kindergeburtstag. Singt das auch jemand, wenn Dirk Bach Geburtstag hat? Also, alle mal herhören: Alle bis auf Helge Schneider, der ein großer Künstler ist, einfach wegsperren, dann hätte sich das Problem von selbst erledigt. Oder ab auf den Jakobsweg, innere Einkehr halten. Obwohl: Bei Kerkeling hat das ja auch nicht viel gebracht … (→Witze erzählen)

D

Daumen drücken

Deutsche wünschen einander dauernd was Gutes. Einen schönen Tag zum Beispiel, oder: »Schönen Abend noch!« Das ist sehr sozial. Soll der Wunsch größere Zeiträume abdecken, kommt, zumal im ZDF, noch mehr heraus. Aus dem Mund von Sport-Reporter Wolf-Dieter Poschmann zu erfolgreichen Sportler-Gästen etwa: »Danke für Ihren Besuch im aktuellen Sportstudio, Ihnen alles Gute weiterhin, Hals und Beinbruch und toi, toi, toi für die Europameisterschaft – wir drücken die Daumen.« Wolf-Dieter Poschmann drückt ständig und allen die Daumen – wahrscheinlich sich selber auch. Und fordert auch die Zuschauer dauernd dazu auf. »Also, morgen Abend dann Fußball-Länderspiel im ZDF, 20.30 Uhr geht's los, und dann Daumen drücken für die Deutsche Nationalmannschaft!« Wahrscheinlich will er damit verhindern, dass jemand umschaltet. Fernbedienungen werden schließlich mit dem Daumen bedient.

Designerbrillen

Ein die Sitten betreffender Problemkomplex, der eigenartigerweise hauptsächlich den Großraum Stuttgart befallen hat und bis heute anhält, ist das Tragen von Designerbrillen. Hier kann man die meisten Menschen antreffen, die entweder Retro-Modelle tragen, die an Heinz Ehrhardt oder Max Horkheimer erinnern, oder aber mikadoartige Gestelle auf den Nasenhöckern balancieren, bei denen im Gedränge für Passanten die Gefahr besteht, sich Risswunden im Gesicht zuzuziehen. Es gibt auch Männer, die ihre 3-D-Brillen außerhalb des Kinos, in der *home zone,* weitertragen wollen und sich dieses Recht von ihrer Ehefrau erstritten haben. Manche Designerbrillen-Träger (DBTs) – meistens Architekten, von denen es in Stuttgart ja einige gibt, dazu gerne Juniorchefs von mittelständischen Betrieben, Zahntechniker, Werbe-Fuzzis, Copy-Shopbetreiber und natürlich Optiker – haben Brillen, die wie Faschingsartikel aussehen. Die Designerbrille wird von Deutschen getragen, weil sie denken, damit noch mehr Persönlichkeit ausdrücken zu können. Oft wird wegen einer erhofften Außenwirkungssteigerung der Designerbrille der Kopf des Trägers kahlrasiert: Jetzt erst kann man wirklich glänzen. Von daher gehört der Problemkomplex in den Bereich »Geltungsdrang und Betonung der eigenen Individualität bei gleichzeitig empfundener Knappheit an Ausdrucksmöglichkeiten beziehungsweise Ausstellungsflächen«. Die Phänomene Designerbrillen, →Autoaufkleber mit Gesinnungsbotschaft und →Kalauer- und Witzelsucht gehören also engstens zusammen. Was tun? Nicht lange fackeln: Einsammeln und ab zur Brillensammlung für Schwarzafrika. Die Menschen in Burkina Faso freuen sich noch daran – und man tut ein gutes Werk.

Deutsche Bahn AG

Bevor das Abenteuer losgeht, hilft uns neuerdings ein Mann im roten Sweatshirt mit der Aufschrift »Automaten Guide«, am Automaten die richtige Fahrkarte zu lösen. Motto: »Touch and Travel«. Die Leute am Schalter sind schon fast alle wegrationalisiert. Es sind aber bei der Bahn auch neue Jobs entstanden. Zum Beispiel die mobile Brezelverkäuferin (→Brezel). Und einen Zugbegleiter gibt es auch. »Nojemandsugeschiggn?« »Bitte hinterlassen Sie das WC so, wie Sie es anzutreffen wünschen.« Würde man diesen Satz auf dem WC eines normalen IC beherzigen, hätte man erst mal eine Weile zu tun, bevor man es benutzen könnte. Das WC dort sieht fast nie so aus, »wie Sie es anzutreffen wünschen.« Kein Wunder, im Großraumwagen wird als »Kaffee« in Pappbechern eine Art Fleischbrühe mit einer leichten Ochsenschwanz-Note angeboten, die zu erheblichem Magenrumpeln führen kann. Zum Ausgleich wird einem aber schon vom Schüttel-Interregio aufwärts der nächste Halt auf Englisch durchgegeben: »Next Stop Vaihingen Enz« – und das ist doch auch was. »In Frankfurt/Main please listen to se loudspeaker information at se platform. Senkjufordrewellingwisdeutschebahn. Gut Bai.«

Deutsche Langeweile

Die »schweigenden Nebel« der Langeweile, von denen der deutsche Oberlangweiler Martin Heidegger laberte, können in Deutschland eher wabern als anderswo, weil hier a) tatsächlich grundsätzlich weniger geboten ist als anderswo und – womöglich mit mehr Überzeugungskraft – b) das Geheimnisvolle, das es auch bei uns einmal gab, weitgehend ausgerottet ist. Weil wir inmitten historischer Kleinstaaterei nie wirkliche *thriving cities* hervorgebracht haben, hatten wir folglich auch nie, oder wenn, dann erst spät, das *big city life* bei uns. Wir waren daher, mehr noch als andere, auf das Nachmachen angewiesen. Die deutsche Urerfahrung: Die Musik spielt anderswo. Gleichzeitig ist die Befriedung unseres eh schon spannungslosen Lebens weiter fortgeschritten. Die Durchorganisierung des Lebens hat hier stärker, durchgreifender und endgültiger das Geheimnis beseitigt als anderswo. Das Mystische ist vollkommener flurbereinigt, begradigt und trockengelegt. Selbst in der Natur: Immer war schon einer vor uns da, der uns auf Schildern erklärt, was dies für eine seltene Tanne ist, wie jene geologische Verwerfung in der Eiszeit entstand und aus welchem Jahrhundert die Steine der alten Ruine am Wegesrand stammen. Seit es für Kinder auch keine alten Flakunterstände oder Luftschutzbunker mehr zu entdecken gibt, ist nur noch Playmobil auf Laminat. Das Aufgeräumte, Entzauberte hat am Ende den Preis der Verödung. Man kann sich nicht verirren in diesem Land – das deutsche Leben ist vollständig erschlossen und perfekt ausgeschildert. (→ADAC-Verkehrsübungsplatz) Kein Wunder, dass die Deutsch-Pop-Band →PUR mit ihrer Folter-CD »Abenteuerland« so erfolgreich wie keine zuvor in diesem Land war. Ob Heidegger sie gehört hätte? Auf seinem MP3-Player? Auf dem Liegestuhl in Todtnauberg vor seiner Hütte? Hätte er leise mitgesummt? Könnte gut sein. (→Party pur)

Deutsche Post AG

Zu den Strukturproblemen staatsmonopolistischer, aber auch quasi-monopolistischer Privatunternehmen im modernen Kapitalismus gehört das Phänomen einer weitgehenden Indifferenz gegenüber der tatsächlichen Nachfrage auf dem Markt. Es gibt ja nur die Post. Jetzt gibt es zwar noch ein paar andere Kurierdienste, und es gibt e-mail. Aber es gibt eben immer noch die Post, die so tut, als wäre nichts gewesen. (Arbeiten die oder haben die gerade die Arbeit niedergelegt? Man weiß es nicht.) Sechs Bedienstete und eine Schlange Kundschaft bis hinaus auf den Bürgersteig: der Film heißt nicht »Bananenausgabe in der DDR«, sondern »Deutsche Post AG«. Die Unsitte ist nicht zuerst, dass das Management versagt, die Unsitte ist eine aggressive Form der Gleichgültigkeit des Personals, das sich offenbar seit dem Berufsstart in einem irreversiblen Zustand innerer Kündigung befindet. Die Indifferenz zeigt sich vor allem im Gesichtsausdruck der Beschäftigten. Die Bedienstete ganz links am ersten Schalter hat unter dem Petra-Pau-Kurzhaarschnitt ein betonartiges »Ich-lass'-mich-nicht-aus-der-Ruhe-bringen«-Gesicht aufgesetzt. Ihr Kollege am Schalter daneben hat das »Von-Ihnen-bestimmt-nicht!«-Gesicht, und seine Kollegin ganz zur Rechten vollends das »Und-von-Ihnen-gleich-zweimal-nicht!«-Gesicht, das doch eher an Hertha Däubler-Gmelin erinnert als an Andie MacDowell. Pech hat man, wenn man auf die Schalterangestellte mit dem »Von-Ihnen-bestimmt-nicht!«-Gesicht stößt – zumal dann, wenn man selber mit dem linken Bein aufgestanden und mit dem »Hoffentlich-treffe-ich-heute-niemanden-in-der-Stadt«-Gesicht unterwegs ist (→Alptraum Kunde). Wenn dann die Briefsendung die 20-Gramm-Grenze überschreitet, könnte es brisant werden. Beiderseits des Tresens.

Dia-Vortrag

Sechs Wochen fünfter Kontinent. Macht 24 Magazine à 50 Einzelbilder. Die gilt es abzuarbeiten. 3 1/2 Stunden lang die unermessliche Weite Australiens auf der Leinwand. Dia-Vortrag im Wohnzimmer. Ein paar Bekannte und Verwandte bevölkern den verdunkelten Raum, Salzstangen und Erdnüsschen werden gereicht, dazu wahlweise Pils oder süßer Sprudel. Alle sitzen, nur einer steht: Herbert, den Schalter in der Hand, mit dem er den Diaprojektor bedient. Herbert liebt die Natur. Deswegen sehen alle auch noch auf dem 174. Dia nur Landschaft. Landschaft in Australien. Immer neue Felsformationen, weite Ebenen, tiefe Schluchten, Blicke zu Bergen hinauf, Blicke von Bergen herab, Sonnenaufgänge, Sonnenuntergänge, Seen, Wüsten, Wolken, das Meer. Mal ein Känguru. Und mal eine totgefahrene Schlange, die am Straßenrand lag. Ab und zu ist das →Hymermobil mit im Bild.

Die Luft im Wohnzimmer ist bald verbraucht, außerdem strahlt der Projektor so viel Wärme ab, dass die meisten einen trockenen Mund bekommen und den Pulli ausziehen. Hiltrud war mit im Urlaub. Von ihr ist fast nichts zu sehen. Einmal steht sie mit einem Sonnenhut auf dem Kopf vorne rechts im Bild und deutet auf ein Schild, auf dem »Brisbane 2.000 Miles« steht. Herbert ist praktisch nie auf einem Foto. Klar, er hat sie ja auch geschossen. Bei jedem Bild wird durchgegeben, wo es aufgenommen wurde. »Am nächsten Tag fuhren wir von Ayers Rock im Uluru-Kata Tjuta National-Park Richtung Alice Springs durch das North Territory. Hiltrud, wie heißt noch gleich der Ort, wo wir das Tuna-Sandwich kauften? Silversten? Silverston? Oder Silver Lakeston? Wart mal. Ich hab's gleich. Na ja, ist ja auch egal, von dort also ging es weiter in den Norden über den Highway 234.« Die Landschaft sei phantastisch gewesen. Das komme auf den Fotos gar nicht voll rüber: Man müsse einfach dort gewesen sein. Neben weiteren Orts- und Zeitangaben werden auch die Klimaänderungen und Temperaturschwankungen während der Reise minuziös durchgegeben, und dass die Ausschilderung manchmal tatsächlich eine Katastrophe war. Man könne das nicht mit Deutschland vergleichen. Ein Ort wird als derjenige identifiziert, an dem eine Magenverstimmung erlitten wurde, an einem anderen stieß man auf ein Schweizer Pärchen aus Sankt Gallen.

Tante Marianne in der letzten Reihe schnarcht leise. Jemand gähnt. Beim 256. Bild wird etwas erklärt, was gar nicht im Bild zu sehen ist. Kurz nachdem dieses Bild aufgenommen worden sei, habe Herbert bei einem Stopp sein altes Pfadfinder-Messer verloren, man habe den Verlust noch bemerkt, sei ein paar Kilometer zum letzten Rastplatz zurückgefahren, habe das Messer aber nicht mehr vorgefunden. Na, ja, shit happens. Beim 345. Dia hört man ein zweites Schnarchen. Rolf stolpert über die dritte Pils-Flasche. Fleck auf dem Perser. Macht nichts. Bei den Dias vom Great Barrier Reef beginnen bei manchen Gedanken zu reifen, im Schutz der Dunkelheit einen Kurzschluss herbeizuführen. Oder noch mehr. Tyrannenmord ist weltweit legitim. Nicht nur in Australien.

Distanz und Reserve

Der Deutsche reserviert nicht nur alles für sich. Was er eingenommen hat, wird zäh verteidigt: jeder Millimeter Boden seines Reviers. Außerdem ist er unnahbarer als andere Volksgenossen: Der Deutsche will Abstand zu den anderen. »Bitte Diskretionsabstand einhalten!« steht im Postamt wie auch im Mercedes-Autohaus vor dem Kassenschalter. Am Strand stören sich Spanier oder Italiener an ihren Nachbarn scheinbar nicht so sehr wie wir, sie rücken mit Badetuch und Sonnenschirm deutlich enger auf, als wir das tun. Wir mögen das nicht so sehr. Territoriale Integrität wahren – das ist unser zwölftes Gebot. Tatsächlich gibt es kaum ein Volk, das sich ständig so sehr von irgendwas belästigt fühlt: vom Nachbarn, vom Lärm, von Gerüchen, von kleinen Kindern. Alles kann uns zu nahe kommen. Wände, die Deutsche trennen, sind fast immer schlecht isoliert. Das mag daran liegen, dass dem Deutschen mehr als anderen die eigene Existenz schon eine Last ist – wie soll er da noch seine Artgenossen ertragen? (Mit der eigenen Dünnhäutigkeit korrespondiert dabei interessanterweise in den seltensten Fällen eine emphatische Sensibilität anderen gegenüber.) So pflegen deutsche Autofahrer bei Kleinstunfällen, beim geringsten Lackschaden die Polizei zu rufen. Manche meinen darin die Fetischierung des Autos zu erkennen (»Fahr nicht auf mein heilig's Blechle!« stand früher auf schwäbischen Autos). Das ist aber nur die halbe Wahrheit. In solcher Empfindlichkeit kommt des Deutschen Bedürfnis nach Abstand und Respektierung seiner Sphäre zum Ausdruck, die er offenbar nur allzu oft als verletzt empfindet. Dem starken Abstandsbedürfnis steht allerdings, in unausgewogener Dialektik, eine übergroße Sehnsucht nach Nähe gegenüber. Abstand bedeutet eben immer auch soziale Kälte. Man hat zwar seine Ruhe, aber schnell erlebt der Deutsche diese Ruhe als ängstigende Isolation, heult los vor Heimatsehnsucht und flüchtet, je nach Typ, mal in den →Heimatabend im Musikantenstadl, mal in die fremdländische Folklore. Was diese Eigenart zur deutschen macht, ist das Extreme. Anderswo pflegt man sich etwas näher auf die Pelle zu rücken und hat weniger Abstand zu den anderen – weshalb die aufkommende Sehnsucht nach Nähe aber auch nie solche klammeraffigen Formen annimmt wie bei uns. (→Strandburgen)

Draußen nur Kännchen

In diesen drei Worten erreichen nicht nur sämtliche deutschen Marketingstrategien im Gastrobereich ihre höchste Schlagkraft, sondern mehr noch: Deutsches Wesen an sich wird in dieser Formel geradezu sinnlich erfassbar. Kürzer kann man nicht ausdrücken, wo wir herkommen und wohin wir gehen. Man kennt das noch von der Klassenfahrt nach Ost-Berlin und dem Erlebnis DDR-Restaurant. Gibt es aber auch im Kapitalismus. Man will schließlich Geld verdienen. Außerdem sind wir im Café und nicht bei der Bahnhofsmission. Soll'n sich mal nicht so anstellen, die Leute. Im Kännchen ist oft Azul-Kaffee oder Onko. Auf der Untertasse Spekulatius. Bedienungen, die »Draußen nur Kännchen!« rufen, tragen auch Feinstrumpfhosen in schwarzen Bedien-Sandalen aus dem Gastrobedarf-Fachversand. In Frankreich oder Italien haben die Cafés Flair, in Deutschland heißen sie so. Zum Beispiel in Magdeburg, dort gibt es das »Cafe Flair« am Breiten Weg. Ist das nicht süß? (→Kellner, →Landgasthof, →Latte macchiato)

Duzen in der Arbeitswelt

Klar, hier sind die Engländer und Amerikaner Vorreiter: »Martin, could you hand me over the red envelope, please?« – »Here we go, Uwe, you're welcome!« Hier duzen sich alle im business. Allerdings wird das Geduze erst bei uns zum Sittlichkeitsdesaster. Weil das englische »You« immer beides sein kann – »Du« oder »Sie«, je nach Situation –, das Deutsche aber erkennbar trennt, wird im deutschen Gebrauch des »Du« im Kollegenkreis oder gar zum Chef eine Entscheidung sichtbar, die woanders gar nicht getroffen werden muss. Bei uns wird die soziale Distanz oder Nähe in der Anrede unmittelbar *hörbar*. Die Folge: Der deutsche Arbeitnehmer wird mehr oder weniger zum »Du« gezwungen. Beharrte er auf dem »Sie« im Arbeitsverhältnis, wäre dies heutzutage gleichbedeutend mit einem inneren Auf-Distanz-Gehen gegenüber den anderen Teammitgliedern, mit dem viele Kollegen oft nicht umgehen können, weil sie es als persönlichen Affront empfinden. Was am Ende rauskommt? Weil keiner Außenseiter sein will, duzen sich alle – aber nicht recht freiwillig: So persönlich ging es selten zu in diesem Land. Bei IKEA haben sie es vorgemacht – und wir duzen uns nun auch schon alle bei der Arbeit, vorneweg unseren Chef. Wir gehen am Wochenende im Kollegenkreis zusammen, wenn nicht gleich aufs Oktoberfest, so doch ins Fortbildungsseminar und hängen dann an der Hotelbar ab bis morgens um halb drei. Früher sah man sich außerhalb des Betriebs vielleicht zufällig mal beim Einkaufen, maximal bei der Weihnachtsfeier oder bei der Verabschiedung der Chefsekretärin in den Ruhestand. Bei der After-Work-Party wird sich heute höchst privat ausgetauscht, zum Mittagessen geht es kollektiv in die Kantine, oder besser noch, zum Thai, im Sommer gerne noch zum Grillen nach Dienstschluss. (Und bei *Rewe* fangen sie jetzt auch schon damit an: »Frau Reimann, kannst du gerade mal meine Kasse übernehmen?«)

Die Psychologisierung der Gesellschaft seit 1968 hat schon sehr früh Bereiche erfasst, die besser vor ihr verschont geblieben wären: Man hat vergessen, dass es ja auch ein Segen sein kann, in einer Gesellschaft zu leben, in der nicht jeder mit jedem gut Freund sein muss. Ich muss mit dem Kellner im Restaurant so wenig befreundet sein wie mit dem Verkäufer, der mir meinen neuen Computer andreht – und eben auch nicht mit dem Kollegen, mit dem ich das Büro teile, selbst wenn der das sehnlich erwarten sollte. Der Eintritt pseudopersönlicher Beziehungen in Bereiche, die besser sachlich blieben, bringt am Ende neuen Ärger: Die Duzerei sorgt in vielen Bereichen der privaten Welt für sphärenverletzende Distanzlosigkeit. Überall, wo keine wirkliche Freiwilligkeit herrscht, wird so das scheinbar Unformelle, Zwanglose, Kumpelhafte, das betont Unverkrampfte zum Krampf. Ich muss heute meinen Chef fragen, wie sein Wochenende war, auch wenn ich ihn für einen Schwätzer halte, der nur über Beziehungen die Karriereleiter nach oben fiel. Selbst für das Privatleben seiner Sekretärin, einer intriganten Kuh, muss ich ein Minimum an geheucheltem Interesse aufbieten, damit sie mich in Frieden lässt und nicht ahnt, was ich von ihr halte, weil sie mir sonst den kalten Krieg erklärte. Wer aber zum »Sie« zurückkehren will, gilt als unnahbar, schwierig, letztlich: unsozial.

Der Graus ums Du im Büro – er ist eigentlich dauernd spürbar, bricht aber vollends aus, wenn es Konflikte gibt. Wo früher die Fronten klar waren, sind wir nun gefangen: Unser pseudopersönliches Verhältnis erweist sich mit einem Mal als genauso ungeeignet für einen konstruktiven Konfliktverlauf wie früher einmal jenes unterkühlte der alten Arbeitswelt. Jetzt geht es ins Leere, wenn wir auf einmal in der Sache argumentieren. Der Chef hat ja längst die Möglichkeit, uns persönlich zu attackieren: »Jetzt stell Dich doch nicht an!« Die plötzlich ersatzlos gestrichene Zulage, die uns in Aussicht gestellt wurde, ist im Spezl-Verhältnis so wenig zu retten wie früher einmal, als wir das durch unseren Chef einfach hingeknallt bekamen. Vielleicht hätten wir im weitgehend gefühlsbereinigten Geschäftsverhältnis noch die Chance gehabt, schlicht auf den Tarifvertrag zu pochen, so aber knufft uns der Chef an und sagt: »Jetzt komm, schüttel Deinen Pelz, Du verdienst hier doch ein schönes Geld! Außerdem müssen wir alle Opfer bringen!«

Duzen II: Du, diesen und verdammt

»Du spielst neunzig Minuten, Du hast zehn hundertprozentige Chancen. Aber Du machst keinen rein. Und dann kriegst Du eine Minute vor Spielende so ein Ding.« Diesen Sprech beherrscht mittlerweile jeder Fußball-Profi. Franz Beckenbauer natürlich oder Jürgen Klopp oder Jürgen Klinsmann. Bei dem ist es ja kein Wunder, denn der hat eine amerikanische Frau. Nur, wenn die »you« sagt, meint sie öfter mal »man«. Wenn man aber in diesen Tagen in Deutschland »man« meint, oder sogar, wie der Kicker nach dem Spiel, »ich«, sagt man lieber nur noch »Du«. Weil sich das besser anhört. Der angloamerikanischstämmige »Du«-Jargon hat sich seinen Weg gebahnt. Aus den deutschen Synchronstudios, wo einst Schwarzenegger verdeutscht wurde, in die Fußballstadien, und von dort aus ins Feuilleton. Ich erinnere mich an eine Besprechung eines Wim-Wenders-Film in der *Süddeutschen Zeitung* vor ein paar Jahren. Dort wurde geduzt, dass es nur so eine Freude war: »Es passiert immer dann, wenn du am wenigsten auf der Hut bist. Wenn du durch einen dieser Münchner Abende gehst, weder glücklich noch unglücklich... Dann bist du bereit: für die Nacht in Havanna.«

Neben dem ekligen »Du« greift auch das ebenso eklige »dieser« um sich. Nicht irgendein »dieser, diese, dieses«, sondern ein ganz spezielles. Nicht das traditionelle deutsche Demonstrativpronomen, sondern das Wörtchen, das signalisieren soll, dass der Sprecher nicht mehr so recht weiß, wovon er redet, aber so tun will, als sähe er alles ganz deutlich vor seinem geistigen Auge. Auch wenn da bare Dunkelheit herrscht. »Ich traf diesen Mann mit diesem grünen Hemd und diesem unheimlich fiesen Grinsen in diesem italienischen Restaurant in New York.« So sprechen Menschen aus dem Umfeld international ambitionierter Filmhochschulen, die alle schon einmal längere Zeit in den Juässäi waren. Und die sagen tatsächlich auch, dass Havanna plötzlich »verdammt verfallen aussieht«, wenn sie sich erinnern müssen, dass sie nie ein Kubaner sein werden. »Verdammt« sagte in Deutschland kaum ein Mensch, bevor hierzulande Hollywoodfilme synchronisiert wurden, in denen John Wayne pausenlos »damned« vor sich hinbruttelte, weil ihm wieder ein paar Indianer durch die Lappen gegangen waren. Weil John Waynes Ärger mit ortsüblichen Flüchen, die überdies auch noch lippensynchron sein mussten, nicht adäquat ins Deutsche zu übersetzen war, entschied man sich dafür, »verdammt« zu sagen. Und dem deutschen Fernseh- und Kinovolk wurde somit ein John Wayne vorenthalten, dem ob eines logistischen Missgeschicks bei der Apachenjagd im Wilden Westen ein »Heiland Sakrament« entfuhr. Der Zwang, den Labiale und Halblabiale auf die deutsche Synchronisierung amerikanischer Spielfilme ausübten, hat vielerlei Wirrnis angerichtet – sie ernähren mittlerweile gar manchen Paartherapeuten. Sie sind letztendlich dafür verantwortlich, dass man sich mittlerweile, so es einmal richtig ernst wird, den »Mistkerl« als Schimpfwort, zumeist aus weiblichen Mündern, gefallen lassen muss – und das nur, weil die besagten unerbittlichen Nöte der filmischen Lippensynchronität seit vielen Jahren erfolgreich zu verhindern wussten, dass ein passenderer Begriff für den guten alten amerikanischen »Bastard« gefunden wurde. Neuerdings hört man in schlecht synchronisierten Vorabendserien allerdings durchaus auch mal einen deutschen »Bastard« oder gar ein deutsches »Biest«. Und es gibt sicher auch schon deutsche Paare, die sich hier dankbar inspirieren lassen – für ihren nächsten Ehekrach. (→Anführungszeichen)

Due espressi

Deutsche, die in Deutschland beim Italiener essen gehen, lieben es, mit dem Personal in der fremden Landessprache zu kommunizieren und zu bestellen. »Due espressi, per favore!«, rufen sie durch die Trattoria. Es sind dies Menschen, die gerne auch andere verbessern, wenn die etwa »Due espressos« sagen oder »Due Pizza!« statt »Due pizze!«. Das pseudotolerante Zwangsverhalten ist motiviert aus einer eigenwilligen Melange: Zum einen bahnen sich hier in wenig subtiler Weise Angeberei und →Besserwisserei den Weg, zum anderen der Wille, die eigene Sensibilität anderen Völkern gegenüber auszudrücken: eine Art vorauseilende Korrektur des Deutschen-Bilds vom ewig ignoranten Tölpel. Wenn auch in geringerem Maß, hat uns »Due espressi« auch beim Spanier oder Franzosen im Griff – dagegen eigenartigerweise niemals beim Türken: In die Döner-Bude kommt nie ein Geographie-Lehrer rein und blökt: »Iki tane Döner, lütfen!« Hier lohnt sich scheinbar die Angeberei so wenig, wie Anlass besteht, Integrationsarbeit zu leisten. Arme Türken. (→Bepfeffern)

E

Eigenheim mit Carport

Der Deutsche ab spätestens 40 braucht ein Eigenheim. Da beißt die Maus keinen Faden ab. Ein »Häuschen«, voll unterkellert, mit Garten und einzementierter Wäschespinne. Zur Not tut es auch ein RMH oder ein REH, ein Reihenmittelhaus, oder schon nobler: ein Reihenendhaus. Wichtig ist der Zaun, die Ein- oder Umfriedung. Deutsche sind gut in Zäunen. Jägerzaun, Bonanza-Zaun, Thuja-Bajonette, Maschendraht, Stacheldraht. Hauptsache sturmsicher. Das Herzstück des architektonischen Ensembles für deutsche Bauherren ist allerdings der Carport. Erreichbar über eine Einfahrt. Gepflastert mit kalbsleberwurstrosa Betonsteinen. Nur bei uns gibt es den »Häuslebauer« und dazu den Bausparvertrag. Die Folge ist ein gigantischer Flächenverbrauch: Unsere Städte und Gemeinde gehen auseinander wie Dampfnudeln. Noch vor zwei Jahrhunderten waren Städte Inseln im grünen Meer der Landschaft, heute ist es andersrum: Grüngebiete sind Reservate in der Zivilisationswüste. In Deutschland gibt es Regionen, in denen sich die besiedelte Fläche seit den Sechzigerjahren verdoppelt oder verdreifacht hat. Volk ohne Raum. Aber mit Carport.

Eingebildete Bildung

In den Ausstellungsräumen deutscher Möbelhäuser pflegt man bis heute Wohnsituationen nachzustellen, bei denen Goethe-Goldschnitt-Attrappen in den Regalen der Eiche-Schrankwand stehen. Im echten Leben sieht es genauso aus: kluge Fassade, aber alles Attrappe. Etwa das Streichinstrument, das der Junior spielen muss – oder der Schlapphut von Martin Walser, diesem ambitioniertesten aller Möchtegerns. Bildung dient den Deutschen nicht dazu, Brücken zum Mitmenschen zu schlagen, sondern ihn einzuschüchtern.

Bildung war einmal Wissensaneignung zum Zweck der Freiheit, zur Steigerung der individuellen Autonomie. Sie stand im Dienst einer besonders schönen Idee des Lebens – das ist ihr humanistischer Gründungsgedanke. Wer sie durchschritten hat, ist zu zweierlei Blicken auf die Welt fähig: einem der Differenzierung und einem, der komplexe Zusammenhänge erfasst. Aus bekannten historischen Gründen ist keine Nation so sehr Kulturnation wie die deutsche. Aber in keiner Nation ist die Bildung zugleich so zweckentfremdet wie hier. Nirgends sonst hemmt Bildung eine Entwicklung oder Begabung so wie hier – und schon Stefan Zweig gab uns aus eigener Erfahrung den weisen Rat, für das Leben besser vom originellen als vom akademisch geschulten Geist zu lernen. Oft zur Hülle der Halbbildung entleert und heruntergekommen, ist sie zum Prestigemittel vor allem der Verklemmten geworden – Mittel nur zur Statusanzeige verarmter Geistesmenschen.

Nirgends ist Bildung so sehr Angeberei wie in Deutschland. Man bildet sich was ein auf seine Bildung. An ihr entscheidet sich erst, ob man ein Jemand oder ein Niemand ist. Nicht die Bildung, sondern der deutsche Bildungs*dünkel* ist daher der Kern der hier abzuhandelnden Unsitte. (Man beachte in diesem Zusammenhang auch die hohe Bedeutung abstrakter Kunst im deutschen Wohnzimmer zur Abschreckung allzu freundlicher Gäste.) Am Ende prägt der Halbgebildete die Szene – ständig irgendwelche Geistesgrößen zitierend, ständig *name dropping* betreibend, Goethe, Nietzsche, James Joyce,

Heidegger, Derrida, Adorno (→BARG). Je mehr davon, desto besser. Je unverständlicher vorgetragen, je verquaster klingend, desto besser eignet sich gebildetes Wissen für den anvisierten Zweck. Deutsches Feuilleton, deutscher Film, deutsches Theater: Man hat den Eindruck, alles muss ein bisschen weh tun bei uns – das erst macht es richtig wertvoll: Manche lassen sich piercen, um sich zu spüren, andere lesen Peter Handke. Denn, klar: Man will in diesem Land nicht so sehr Bildung, viel wichtiger ist es, zu den Gebildeten gezählt zu werden. Und sei es um den Preis, dass man nur noch Bahnhof versteht.

Elternabend

»Sind wir vollzählig?« lautet die erste sinnlose Frage. Später wird ein Kennenlernspiel gemacht. Zwei Elternteile, die sich noch nicht kennen, werfen sich ein Wollknäuel zu und stellen sich im Plenum gegenseitig vor. Dann geht's zur Sache. Gerne wird mit Grundsatzdebatten wie der idealen Beschaffenheit eines gesunden Pausenbrotes eingestiegen. Dann wird sicher etwas besprochen, was nicht hierhergehört. Bis einer sagt, das gehört nun eigentlich nicht hierher. Dann wird darüber diskutiert, ob es vielleicht doch – oder: sehr wohl – hierher gehört. »Können wir jetzt fortfahren?«, wird irgendwann mit leicht genervtem Unterton gefragt. Jetzt redet der Papa von Lennart Niklas seit 15 Minuten, keiner weiß, was er eigentlich will. Man lässt ihn gewähren, damit er nicht denkt, er gehört nicht dazu. Manche gehen aufs Klo. Rauchen draußen eine. Bald treffen die Eltern von Kinderverstehern (Softies) auf Eltern von Kinderabhärtern (Einpeitscher). Die Allesverzeiher (»Jan-Erik hat eine schwierige Persönlichkeit«) auf die Sozialdarwinisten (»Das schadet nichts!«, »Die sollen erst einmal Deutsch lernen!«); solche, die engagiert sind, auf solche, die nur da sind, um nachher noch einen trinken zu gehen. In die Haare kriegt man sich in der Diskussion nicht mit dem, dessen Standpunkt man nicht mag, sondern dessen Nase oder Outfit einem nicht passt. Es folgt die Wahl der Elternvertreter. Natürlich meldet sich wieder keiner freiwillig. Aber genau darauf haben zwei die ganze Zeit gewartet. Sie lassen sich bitten und sagen schließlich: »Okay, wenn sich gar niemand anderes findet, dann mach ich das halt.« Prestigestrategie – die auch noch den Märtyrerbonus bereithält. Für Deutsche ein Idealfall. (→Elternstolz-Manifestationen, →Jugendfußball, →Kinderspielplatz)

Elternstolz-Manifestationen

Keiner wird sich jemals erlauben, befreundeten Elternpaaren zu sagen, ihr Kind sei hässlich, mache einen ungesunden oder gar debilen Eindruck, sei schlicht unsympathisch. Vor allem deutsche Kinder sind heilig. Heiliger noch als andere. Damit kommt aber auch jede Menge Unheil über unsere Welt. Nur bei uns verleitet gerade frischgebackene Jungeltern der Überdruck des Kinderglücks dazu, den Anstand anderer auszubeuten, mithin sich der Unsitte schuldig zu machen. Wer meint, das gebe sich bald nach dem ersten Anstandsbesuch an der Kinderwiege, irrt gewaltig. Damit beginnt nur eine unheilvolle Spirale, die bis zur Führerscheinprüfung des Neugeborenen dauern kann. Alles Unheil nimmt seinen Lauf, wenn Eltern von Kindern, die Maxim oder Sinan oder Charlotte heißen, nicht davon abzuhalten sind, anderer Leute E-Mail-Briefkästen zu verstopfen, indem sie unaufgefordert, im anonymen Sammelverteiler, dafür aber alle zwei Wochen speicherkapazitätsraubende Farbfotos ihrer Kinder nebst regelmäßigen Aktualisierungen vermailen. Sind die Adressaten selber junge Eltern, beginnt ein typisch deutsches Spiel: Kinder-Poker. »Krabbelt Eurer schon? Unserer seit vorgestern.« Dieselbe Mentalität bringt Eltern später dazu, ihre Kinder als Textansager ihres Anrufbeantworters vorzuschieben, indem sie sie zwingen, fünf kostbare Einheiten lang »Mamapapanichsuhause, bideschbrekennachsikalton« sabbeln müssen, weil ihre Eltern das süß finden. Auch bei eingehenden Anrufen wird sofort und ohne Ansage Ruwen ans Telefon befördert – und der Anrufer nach Einschalten der Lautsprechertaste genötigt, pädagogisch korrekt auf das Kind einzugehen. Ein Gespräch, das dann zwanzig Minuten wertvolle Zeit raubt. Kein Entkommen. Am dreistesten ist es, wenn einem die Kinder tollwütiger Mütter für lange, wertvolle Minuten einfach aufoktroyiert werden. Mitten im versicherungsrechtlichen Fachgespräch raschelt und rauscht es in der Leitung, Mama ist plötzlich weg, dafür plötzlich Mia am Telefon, dann noch mal kurz Mama mit der Ankündigung: »Mia will Dir jetzt noch was sagen.« Man denkt noch, »Bitte nicht!«, ruft noch: »Nein, halt, ich habe gerade wenig Zeit!«, aber zu spät. Auch wenn Mia gar keine rechte Lust hat, mit einem zu reden, und irgendwann einfach den Hörer fallen lässt.

Neulich habe ich einen weiteren Beleg unsittlichen Elternstolzes an einem Münchener Ärztehaus ausgemacht. An der Stelle, wo neben dem Eingang die rechteckigen berufsständisch weißen Hinweisschilder der hier ansässigen Praxen (vielleicht die fürchterlichste aller deutschen Pluralformen) angebracht sind, fiel mittendrin eines auf, das sich von allen anderen unterschied, weil der hier wirkende Psychotherapeut es offenbar von seinem vier- oder fünfjährigen Kind hatte gestalten lassen. Mitten in der grauweißen Sterilität eine Tafel, die Farbe, Freude, Buntheit in die kalte Welt der anonymen Massenmedizin zurückzubringen schien, ein bisschen Frieden, ein bisschen Liebe und Kindergüte verströmend: Da stand der Namen des Therapeuten nicht schwarzweiß normiert, in der Typographie des alten Krankenkassenstils, sondern von Kinderhand mit Filzschreibern krakelig verfasst. Auffallen wollen um jeden Preis, und dann noch Sympathie heischen – von meinem Innenleben würde solch ein Psychohansel niemals auch nur ein Wort erfahren. Das sind eigentlich alles Fälle für den Kinderschutzbund. Aber es wird eben weggeschaut. Das ist mal wieder typisch. Typisch deutsch.

Ethno-Travestie

In ungleichen Partnerschaften ist gelegentlich zu beobachten, wie sich die schwächere Persönlichkeit am Ende der stärkeren völlig unterordnet, auch wenn keinerlei psychischer Druck auf sie ausgeübt wurde. Vollkommen freiwillig wird da eigene Identität aufgegeben, weil sie offenbar als etwas von vorneherein Nichtswürdiges empfunden wird. Eine solche persönliche Selbstaufgabe aus Scham lässt sich auch studieren, wenn Deutsche sich ins Ausland begeben. Sie verblüffen die, die sie dort antreffen, dadurch, dass sie so gar nichts typisch Deutsches an sich haben. Viele Franzosen oder Spanier, Engländer oder Skandinavier hassen es geradezu an Deutschen, dass sie sich – sobald sie sich außer Landes befinden – so angestrengt undeutsch benehmen. Statt Filterkaffee-Junkies werden wir in London über Nacht zu passionierten Tee-Trinkern, sagen schon fünf Minuten nach der Landung auf dem L.A. International Airport »you know« nach und »actually« vor jedem Satz oder geben nur noch Küsschen zur Begrüßung beim Mitarbeiter-Meeting unseres Konzerns in Toulouse – statt des üblichen feuchten Händedrucks. Das gefällt nicht nur nicht, sondern irritiert, ja verärgert die Gastgeber. Wie froh aber sind sie, wenn sie einmal die unverhoffte Möglichkeit haben, den deutschen Manager ungefiltert zu studieren, weil er sich unbeobachtet fühlt und sich einem typisch deutschen, nervösen Kontrollanfall hingibt! Das ist ja ein Mensch, denken sie dann.

Manchen Deutschen reichen gelegentliche Auslandsgastspiele bald nicht mehr aus. Sie wollen eine fremde, adaptierte Heimatlichkeit als Routinezustand – und wandern aus (→Auswandern). Zum Beispiel auf die Kanareninsel La Palma. Deutsche, die in Spanien leben, sind bald spanischer als die Spanier. In der kanarischen Kneipe auf La Palma, in der die Einheimischen verkehren, wird dem Gast ohne weiteres Licht aus Neonröhren zugemutet, dazu lautstarkes Kofferradio mit der Live-Übertragung des Fußball-Europapokalspiels. Die Kellner sind eher mürrisch und riechen nach einem anstrengenden Tag in der KFZ-Werkstatt des Küchenchefs. Der Gastraum stinkt nach ranzigem Ziegenfett, weil der Abzug über dem Küchengrill defekt ist. Im deutsch geführten Restaurante »Excellente« nebenan begrüßen den Gast dagegen wohlsortierte spanische Gitarrenklänge – keineswegs talentlos dargeboten von einem ehemaligen Werbegrafiker aus dem Odenwald. Das Interieur sieht

aus wie in »Schöner spanisch Wohnen«: Warme, mit Erdpigmenten durchsetzte Rot- und Gelbtöne an den Wänden schaffen vorbildliche, typisch kanarische Atmosphäre. Die resolute Wirtin sagt mit fränkischem Akzent zu jedem Gast »Buenas tardes«, ob der nun aus Tübingen oder Bad Nauheim kommt, ganz egal. So gehört sich das, Ihr Spanier!
Das Gegenstück zur ethnischen Travestievorliebe der Deutschen ist aus Holz und heißt Stammtisch. Während der Deutsche im Ausland das Fremde bis hin zur Unkenntlichkeit imitiert und darin aufgeht, verfällt er zu Hause gerade ins andere Extrem: Im deutschen Wirtshaus fängt das Ausland oft schon im Nebenzimmer an. (→Due espressi, →Volkstanz-Spleen)

Europa-Park Rust

Wenn deutsche Eltern zwischendurch einmal was für ihre Kinder tun wollen, überlegen sie zwei Sekunden, halten ihren Einfall für eine prima Idee und fahren nach Rust am Oberrhein, jenem kleinen Ort in Südbaden, der mit knapp vier Millionen Jahresgästen heute die größte Vergnügungsanlage in Deutschland beherbergt: genauer in den Europa-Park, oder wie man in Kinderschutzkreisen sagt: in die »Hölle von Rust«. »Herzlich Willkommen zur Traumreise!« steht über dem Tor dieses Folterlagers der Phantasie (→Traum, deutscher). Unglaublich, was es hier alles gibt: Traumpaläste, spanisch-maurische Nächte, griechische Abende. Kunterbunte Kinderträume würden wahr gemacht, heißt es im Prospekt. Und die der Eltern auch. Da Kinder sowieso alles, was bunt ist und sich bewegt, automatisch neugierig macht – in diesem Alter können sie noch gar keine Abwehrmechanismen ausbilden –, haben die Betreiber dieses organisierten Hinterhalts leichtes Spiel. Aber eigentlich ist der ganze Quatsch ja gar nicht für die Kinder gebaut worden, sondern für ihre Eltern: Hier können Mama und Papa endlich zum Kleinkind regredieren, Papa kann sich beim alemannischen Rittermahl mal wieder so richtig einsauen, und Mama fühlt sich wie eine kleine Prinzessin, wenn sie durch eine Welt von Puppenstuben wandelt. Am Ende rauschen alle beim Atlantic-Supersplash durch Luft und Wasser – und hatten eine Supergaudi.

Freizeitparks sind Stätten, in denen mit Gewalttätigkeiten unterschiedlicher Art experimentiert wird. Der Besucher wird von Farben, von Gerüchen, vom Gesamt-Event zugedröhnt und zugeballert (→Bambi-Verleihung). Vor allem bleibt nichts dem Zufall überlassen. Der Freizeitpark wird im Namen der Phantasie betrieben – und treibt ihr doch den letzten Lebensgeist aus. Es tritt beides in Erscheinung: clowneske Autorität und autoritäre Clowns. Phantasie wird nicht geweckt, ihr wird auf Schritt und Tritt misstraut – so weit, dass man die Innenbilder kindlicher Vorstellungswelten lieber selber vorfabriziert, gleichschaltet und nach außen verfrachtet. Kein Widerspruch soll mehr möglich sein.

Wenn irgendwer im Namen des Kinderwohls antritt, fliegen ihm die Herzen zu. Auch bei uns. Egal, was dabei wirklich verbrochen wird. Diese Überlegung stand als Gründungsidee am Anfang dieses Freizeitparks, der seinen Betriebswirten enorme Profite beschert – freilich ohne dass auch nur ein Bruchteil davon etwa an das Kinderhilfswerk der UNICEF abgeführt würde. Dennoch, die Ideologie wirkt, und so stehen deutsche Freizeitparks (ganz ähnlich wie etwa der →ADAC), obwohl reinste Privatunternehmen, mittlerweile im Rang öffentlich-rechtlicher Institutionen. In Rust etwa veranstaltet die CDU Baden-Württemberg, die sich in diesem Bundesland längst mit dem Staat selbst verwechselt, schon mal einen Landesparteitag. Im Gegenzug hat man den Betreibern zu einer eigenen Autobahnausfahrt verholfen, dazu sogar noch zu einem braunen Hinweisschild auf der Autobahn, wie es sonst nur für kulturelle oder geographische Besonderheiten der Region reserviert ist. Für das Wohl unserer Kinder scheint uns jedes Mittel recht zu sein.

F

Fahrradanhänger für Kinder

Fahrradanhänger für die Kleinen, im Fachhandel auch Fahrrad-Rikschas genannt – sie prägen unseren Alltag. Bunt wie Haribo und mit lustigen Wimpeln geschmückt sehen wir sie am Hinterrad von Mama in Auspuffhöhe übers Kopfsteinpflaster holpern. Drinnen sitzt ungefedert die kleine Lara, die ruhig schon vor ihrem zweiten Geburtstag wissen soll, wie sich Schlaglöcher anfühlen und was eine ASU-Untersuchung so misst. Gut eingedieselt vom Müll-Laster, der die ganze Zeit vor den beiden herfuhr, und kräftig durchgerüttelt, kommen beide bei der Tagesmutter an, die sich ein wenig wundert, warum Lara heute wieder schlecht ist. Aber Fahrradanhänger sind nicht nur herrlich bunt wie eine →Bambi-Preisverleihung, sondern auch ökologisch sinnvoll – und deshalb gibt es sie ja. Hardlinerinnen lassen ihre Kinder gerne auch behelmt im Fahrgastraum Platz nehmen, Kinder mit Gasmaske dagegen sieht man (noch) nicht im innerstädtischen Verkehr – obwohl das für die Gesundheit sicher förderlich wäre. Neulich Premiere beim Spaziergang: Gesichtet wurde ein →Liegefahrradfahrer mit angehängter, doppelt besetzter Kleinkinder-Rikscha. Geht noch mehr?

Fasnacht, Fasching, Karneval

Wenn im Fernsehen verschwitzten Honorarprofessoren vor der Studiokamera beim Schunkeln zum Narhalla-Marsch das Matrosenmützchen mit Aufschrift »Windstärke Sex« vom Kopf purzelt, ja, dann ist wieder Fassenacht. Ihr seismologisches Epizentrum hat diese Unsitte im Mittel- und Niederrheinischen; sie kulminiert in sogenannten Prunksitzungen, auf denen sich angesof-

fene Männerformationen für die Fernsehübertragung als leichte Mädels in Netzstrümpfen verkleidet haben, Cancan tanzen und sich natürlich während des Debakels auf der Bühne kaum noch einkriegen. Gereimter Büttenquark – meist breit, nie stark. Unten im Saal der mehr oder minder prominente Fasnachtsadel, der an den Stellen lacht, an denen gelacht werden sollte: angedüdeltes Gefläze und doch gespielte Ausgelassenheit. Leider würde hier keiner derjenigen je die Kontrolle verlieren, die es nötig hätten: Einen Ministerpräsidenten, egal ob Beck, Rüttgers oder Koch, der seiner Tischnachbarin in den Ausschnitt kotzt, hat man hier noch nie gesehen; es würde aber sicher zur »Vermenschlichung der Politik« (Carlo Schmid) einen gut Teil beitragen. »Heute ist alles egal« soll demonstriert werden, und wenigstens das närrische Fußvolk lässt sich das nicht zweimal sagen: Zwar geht fast keiner mal rüber zum Schmidt seiner Frau, dafür wird über die »närrischen Tage« wenigstens eine veritable Alkoholvergiftung angepeilt. Aus kleinmütigen Hausmeisternaturen werden innerhalb weniger Stunden enthemmte Kreaturen, denen beim Gynäkologen-Witz (→Witze erzählen) die Tränen kommen und die beim anschließenden Abhusten des Witzes in zartem Violett anlaufen, während sich die Bronchialverschleimungen der letzten drei Wochen endlich lösen. Sage da noch einer, das sei ungesund.
Nirgends in der deutschen Fasnacht hat auch nur ein Hauch jenes anarchistischen Ventilbrauchs vergangener Jahrhunderte mit wahrhaft sozialem Umsturzpotenzial überlebt. Die Energie ist längst blockiert und wird nach innen geleitet: Der Narr flippt nicht aus, er schreitet in Prozessionen und Anordnungen, die von Funktionären

mit Funkgeräten überwacht werden. Wer wirklich loslässt – stößt auf Befremden. Erwünscht ist nur ein Ausscheren in Schablonen von Originalität. Anstatt die Rollen des Alltags abzustreifen, wartet schon der nächste Zwang: die Narrenkappe. Vielleicht wird ja gerade deswegen so viel gesoffen, weil das erschöpfendste aller Rollenspiele jenes ist, sich heute einmal ohne drückende Rolle zu präsentieren – und aus sich herauszugehen: Der Mensch mit Narrenkappe reagiert peinlich berührt darüber, dass er völlig frei sein soll – es aber nur als Hanswurst darf. Helau. (→Comedy, →Heimatabend im TV)

Feierabend

Wenn man in Deutschland an einem ganz normalen Freitagnachmittag Radio hört, hat man das Gefühl, als gebe es nichts Schlimmeres für die Menschen dieses Landes als die Zeit vor und nichts Schöneres als die Zeit nach Dienstschluss. Moderatoren behandeln den näherrückenden Feierabend wie Weihnachten, es herrscht Countdown-Stimmung. Schon am Donnerstagmorgen sagt der Moderator auf *Antenne Bayern* gleich nach →»Yellow River«: »Falls Sie arbeiten müssen, halten Sie durch, nur noch einmal schlafen, dann ist Wochenende!« Am Freitagnachmittag schließlich: »Ja, noch zwei Stunden bis zum wohlverdienten Feierabend, liebe Hörer, dann haben sie es mal wieder geschafft!« Bis dahin noch etwas Chris Rea. Oder Bonnie Tyler. Nun haben andere Völker dieser Erde sicher auch nichts dagegen, wenn sie Hammer oder Hacke aus der Hand legen dürfen, und es verlangt auch keiner, dass Deutsche dreimal am Tag »Danke für meine Arbeitsstelle!« singen – aber so existenziell nötig für das eigene Glück hat den

Feierabend offenbar nur der Deutsche. Mit geballter Beckerfaust geht es hierzulande in den »wohlverdienten« Feierabend. Die ganze Arbeitswelt ein Gefangenenlager – schön, wenn man wieder mal zwei Tage Freigang hat. (→Komik auf kopierten Zetteln am Arbeitsplatz, →Yellow River)

Fernsehprogramm, tagsüber

Ein. *Bayerischer Rundfunk*. Die Sprechstunde. Antje-Katrin Kühnemann spricht mit einem Experten über das Thema *herpes genitalis* und will von ihm wissen, ob denn – wenn man Symptome dieser Krankheit an sich feststelle – die Frage berechtigt sei, ob »da ein dritter Partner mit im Spiel sei«. Igitt. Zap. ARD-Buffet. Ein smarter Nachwuchsmoderator unterhält sich mit einer Zuschauerin per Telefon über Durchfall bei Katzen. Zap. Im ZDF gibt es einen Bericht über eine Mister-Germany-Wahl. Ein junger Mann hat die Vorausscheidung Mecklenburg-Vorpommern gewonnen und wird nun nach seinen Erwartungen beim *national contest* befragt. »Das war ein schöner Anfang«, sagte er, »aber was dann rauskommt, das sehen wir im Endprodukt.« Zap. Auf einem anderen Kanal sieht man Affen im Dschungel. Der Sprecher sagt: »Nasenaffen sind an die Mangrovenwälder Borneos gebunden.« Zap. Wieder ZDF. Nachrichten mit Sprecherin Anja Charlet. Hat irgendwie ein Gesicht wie Struwwelpeter. Zap. Auf SAT.1 verliest Talkmeisterin Britt vor einem erwartungsvollen Proll-Paar das Ergebnis eines Vaterschaftstests, das Ergebnis wird vom Studiopublikum bejohlt wie der Gewinn eines Kleinwagens. Zap. Beim MDR läuft »brisant«. Man hört den Moderator sagen: »Das Internet besteht aus vier Milliarden Seiten. Jeden Tag kommen sieben Millionen hinzu. Kein Mensch kann da noch den Überblick behalten.« Auch wir nicht. Aus.

Ficus benjamina

Nicht Eiche (rustikal), nicht →Thuja, nein, der aus Indien stammende *Ficus benjamina* ist *der* deutsche Nationalbaum – dicht gefolgt von der Yucca-Palme. Ihren Ficus haben Deutsche so lieb, dass er sogar mit im Wohnzimmer leben darf. Gekauft wird er fast immer bei IKEA. Warum man ihn so liebt? Der Ficus sorgt wenigstens für ein bisschen outdoor indoor, für ein wenig frische Luft drinnen. Der Hauptgrund für die Anschaffung ist aber: Er ist pflegeleicht, ja sogar →abwaschbar! Wer den deutschen Lieblingsbaum doch nicht mögen sollte, hat im →Wunderbaum eine prima Alternative. Den gibt es schließlich auch in der Geschmacksnote »Tannenduft«.

Fleischsalat

– und zwar nicht der frisch zubereitete vom Fleischereifachgeschäft, sondern der abgepackte, industriell gefertigte aus dem *Aldi*-Kühlregal. Damit ist der Cholesterinbedarf eines ganzen Jahres abgedeckt. Die Masse eignet sich auch gut zum Nachverfugen loser Küchenkacheln, wenn mal kein Fliesenkleber zur Hand ist. Fleischsalat auf dem Frühstückstisch *kann* ein Trennungsgrund sein; auf dem Nachttischchen auf einem Stapel alter Pizza-Kartons lagernd *muss* er es sein (→Aufschnitt, →Kühlschrank-Orgien).

Fußball-Gesabbel

Wer spielt? Gegen wen? Wie steht's? Vielleicht noch: »Das Tor von Mario Gomez war klasse!« Das müsste es dann auch gewesen sein. Mehr gibt's nicht zu reden. Ein Fußballspiel ist eine prozessuale Verkettung individueller Faktoren wie Geschick, Instinkt und Zufall, die auch noch glücklich zusammenkommen müssen, sollen sie zum Torerfolg führen. Auf dem Weg dorthin gibt es so viele Unwägbarkeiten (Ballack: »Jeder Ball kann mal verspringen!«), dass letztlich jede noch so ausgeklügelte Strategie verpufft. Fußball entzieht sich dem Intellekt, dem analysierenden so sehr wie dem planenden. Trotzdem sitzen deutsche Fußballwissenschaftler noch immer beieinander und analysieren hin und her, rauf und runter – ohne jeden Erkenntnisgewinn.

Grimmepreis-Träger Günter Netzer, den alle so schlau finden, gibt nach den Spielen exakt das wieder, was wir während des Spiels sowieso schon gesehen haben. Und in welcher Sprache! Das öffentliche Reden über Fußball sorgt für dessen schleichende Sterilisierung. Der Restbestand an Dramatik schwindet dahin. »Angriff« heißt nun *Vorwärtsbewegung*, Verteidigung *Rückwärtsbewegung*, man sagt mittlerweile, die *Zuordnung* oder auch die *Abstimmung* habe nicht gepasst, wenn Arne Friedrich mal wieder zu lahm war und den gegnerischen Stürmer passieren lassen musste. »Kompakt hinten drin« – damit ist nicht gemeint, dass ein Baby die Windeln vollhat, sondern so sagt man am Mikrophon im Live-Studio nach dem Spiel, wenn gut verteidigt wurde. Früher hieß das »Toll reingegrätscht!«, früher »feuerten sie aus allen Rohren«, es galt die Engländer zu »überrollen«, in den alten Fußballschlachten rannten die Puszta-Söhne wie von der Tarantel gestochen übers Feld. Heute spricht man davon, »dem Spiel Struktur zu geben« (Marcel Reif), von maximaler *Druckentfaltung* oder *Druckausübung*, um so »schnell in den Torabschluss zu kommen« (Skibbe). Der einzelne Spieler erscheint in dieser Sprache, wie auch das Spiel selbst, als eine Art optimiertes System, das eigentlich gar nicht mehr versagen kann. Wenn das Spiel dennoch verloren wird, sind auch nicht einfach die Spieler zu schlecht gewesen. Sie waren so gut wie immer, nur gelang es ihnen eben leider nicht, »das eigene Leistungsvermögen abzurufen«. Es fehlte »der absolute *Drang* zum Tor«: Wo die Effizienz ausgereizt ist, verlagert sich der Diskurs zwangsläufig von Fragen des Könnens zu denen des Wollens. Im Fall einer Niederlage fehlt es nicht mehr an einem sportlichen Vermögen, sondern an einer früher weitgehend unbekannten Größe: an der *inneren Einstellung*: Entsprechend geht es nicht mehr ums Laufen, sondern um die Lauf*bereitschaft* oder bei Beckmann gar um die *körperliche Bereitschaft*. Das 1:2 zu vermeiden wäre sportlich schon möglich gewesen, aber man war dazu nicht *bereit*. Man kann sich das eigentlich gar nicht vorstellen: Eigens dafür bezahlte Fußballspieler sollen nicht recht bereit sein zu laufen. Muss aber so sein. Mit der Laufbereitschaft ist es dann nur okay, wenn Hoeneß nachher sagen kann, die Einstellung habe gestimmt und jeder habe sich für die anderen »den Arsch aufgerissen«. Obwohl man doch eigentlich denken sollte, dass es sich mit aufgerissenem Arsch nicht sonderlich gut laufen lässt. Die meisten Spieler sagen inzwischen allerdings »den Hintern« – und so spielen sie auch. (→Bayern München)

Fußgängerzone

Die Welt als Wille und Fußgängerzone. Als Wille zur Fußgängerzone. Auch wenn wir uns beim Aufstehen geschworen haben, diesen Samstag positiv zu beginnen – die Aussicht auf einen Gang durch die deutsche Einkaufsmeile verdunkelt unser Gemüt, schon bevor wir die Piste betreten. Die deutsche Fußgängerzone ist nicht über uns gekommen wie ein Gottesgericht. Nein, sie ist Ausdruck des deutschen Lebensstils, weshalb sie dann auch so aussieht, wie sie aussieht: spätkapitalistisch hässlich, weil nur noch die Funktionalität die Ästhetik bestimmt, das Angebot selbst bedrückend schlicht und schlecht: immer dieselbe Mischung aus Mobilfunk-Niederlassungen, Parfümerie Douglas, Reisebüros, Sport Scheck, Fielmann, Bankfilialen, Geldautomaten-Räume, Modeboutiquen, *Back Factory*, Juwelier Christ, Subway-Sandwich-Shop, Drogeriemarkt, Ketten-Schuhgeschäft. Wer an dem Schlamassel schuld ist? Wir selber. Der deutsche Konsument hat das angerichtet. Was nachgefragt wird, setzt sich auf dem Markt durch. Wie →Aldi. Wir wollen das so.

Fußgängerzonen sind Geschäftsmeilen mit höchsten Mieten. Wer hier überleben will, braucht hohe Umsätze und hohe Nachfrage. Weil der Deutsche aber aus Spargründen lieber zu Lidl oder OBI geht als zum Einzelhändler, hat der schon längst dicht gemacht. Meisterbetriebe verschwinden, der Kettenbäcker nimmt seinen Platz ein. Am Ende sind nur noch Ketten da. Aber nicht nur. Zwischendrin ist noch der *Asia-Take-Away*. Der überlebt hier, weil sein Inhaber vielleicht nur eine durchschnittliche Nachfrage hat, dafür aber Lohnkosten wie im 12. Jahrhundert.

Wie es aussehen könnte, zeigen uns die Franzosen. Hier gibt es zwar auch schon Landstriche, in denen Baguettes nur noch im Supermarkt verkauft werden, aber zum einen haben die viele bessere Supermärkte und zum anderen verhindert dort der Volkswille noch immer relativ einmütig die Aldisierung der gesamten Konsumwelt in den Innenstädten. Statt gleichgeschalteter Verramschung regiert dort noch eine hundertfach höhere Vielfalt das Angebot. Die scheint den Menschen dort noch etwas wert zu sein. Unglaublich. (→Aldi, →Brezel)

G

Gartenzwerge & Geranien

Darüber dürfte schon alles gesagt sein.

Gereimte Hinweisschilder in Wandergebieten

»Freu dich der Blumen und Blüten, du sollst sie schauen und behüten, nicht aber brechen und verstreuen, auch andre woll'n sich dran erfreuen!« Nur zweihundert Meter weiter im Allgäuer Alpenland: »Flaschen, Tüten und Papier, sind in den Bergen keine Zier! Trägst du sie gefüllt hierher, trägst sie heimzu – auch nicht schwer!« Ist ja schon gut. Und da schon wieder: »Lieber Wanderer! Bitte lauf nicht kreuz und quer, auf und ab, im Wald umher. Wozu gibt es sich're Wege – denk ans Wild und seine Hege! Speisereste, Glas, Dosen, Papier, bitte laß das doch nicht hier! Zu Natur- und Umweltschutz paßt kein Abfall und kein Schmutz!« Jeweils mit Ausrufezeichen versehen. Wanderer, zucke zusammen! Der deutsche, zumal: gereimte Imperativ kennt auch in Wald und Flur bis zu drei Ausrufezeichen, was dann wirklich keinen Widerspruch mehr duldet. Die deutsche Naturbewegung trägt bei uns stark militaristische Züge. Man appelliert ans Gewissen, mag es aber gereimt. Zuckerbrot und Peitsche. Und beim Eintritt in die Wanderhütte auf dem Schuhabtreter: »Hax'n abkratz'n!« Jawoll, Herr Oberförster, jawoll, Herr Blockhüttenwart. (→Naturfreundehaus)

Geiz

Geiz allein ist nichts speziell Deutsches, er ist menschlich. *Avaritia* ist eine der klassischen sieben Todsünden, ihr Vorkommen gleichmäßig verteilt von Tasmanien bis

Toronto. Auch ist etwa die französische Literatur von Molière bis Balzac reicher an Variationen zum Thema Geiz als unsere. Dennoch wird Geiz zu Recht oft mit Deutschsein in Verbindung gebracht. Denn tatsächlich herrscht in Deutschland – und zwar nicht nur dort, wo das Preußentum regierte – bis heute größere Erbsenzählerei als anderswo, auch im Privaten. (→Zusammen essen, getrennt zahlen) Das Aufeinanderprallen von Christentum und Rationalismus hat bei uns schon früher als anderswo eine Erwerbsethik in Gang gesetzt, die ein Volk von Knickern und Knausern hervorgebracht hat. Man spricht nicht offen übers Geld bei uns und würde auch dem besten Freund selbst auf dem Sterbebett nicht anvertrauen, wie viel Geld man mal verdient hat. Der deutsche Geiz entstammt in noch tieferen Schichten einer Urangst, die noch immer mächtig wirkt: der Angst, Sicherheit zu verlieren oder schon verloren zu haben. Geiz ist ein Reflex emotional Verarmter, weshalb im deutschen Wesen der Geiz Seite an Seite mit einem Komplex steht, den man hier gar nicht vermuten würde: der gleichermaßen stark ausgeprägten Sehnsucht nach Gemütlichkeit. (→Heimatabend im TV)
Der Deutsche ist tatsächlich geizig und nicht nur sparsam. Sparsamkeit bedeutet, ein Ziel im Auge zu haben, das durch das Zurücklegen von Geld irgendwann realisiert wird. Deutsche realisieren sehr häufig aber gar nichts, sondern sparen, ohne auszugeben: Und das erst nennt man Geiz. Das gefüllte Konto ist für den Deutschen vielfach, was am Ende übrigblieb, nachdem das kirchliche Heilsversprechen säkularisiert, die Welt entzaubert wurde. Einst sparte man fürs Himmelreich, heute geizt man vor sich hin – wahrscheinlich noch im-

mer, um sich für irgendetwas zu qualifizieren, wenn auch statt für die unendliche Gottesliebe nur noch fürs weltliche Prestige. Die Raffke-Mentalität der Deutschen ist letztlich eine in den Volkscharakter eingegangene und über die Erziehung immer wieder reproduzierte ethische Grundhaltung, sich mittels optimaler Nutzung der zur Verfügung stehenden Ressourcen vor allem moralisch zu empfehlen.

»In jeder Einzelheit fühlte man friderizianische, knickerige Haushälterischkeit; der Kaffee war dünn und schlecht, weil an jeder Bohne gespart wurde, das Essen lieblos ohne Saft und Kraft.« Das schrieb Stefan Zweig in seinen Lebenserinnerungen über Berlin, die Stadt, die er 1902 ein Semester lang erlebte. Seine Haushälterin muss eine korrekte Frau gewesen sein, die ihm »in sauberer, steiler Schrift jeden Dienst berechnete«, den sie ihm erwiesen hatte. »Drei Pfennige für das Annähen eines Hosenknopfes, zwanzig Pfennige für das Beseitigen eines Tintenflecks auf dem Tischbrett, bis schließlich nach einem kräftigen Addierstrich für ihre sämtlichen Bemühungen sich das Sümmchen von 67 Pfennigen ergab.« Neben den Preußen gelten die Nassauer und auch die Schwaben als geizig, wahrscheinlich weil sie der allzu strenge Protestantismus zu übertriebener Sparsamkeit und Entbehrung erzogen hat. Von anderen Deutschen war das allerdings auch schon vor der Reformation bekannt. Steven Runciman schreibt in seiner »Geschichte der Kreuzzüge«, dass der byzantinische Kaiser Alexios I. nicht sonderlich erfreut war, als die Heere der Franken seine Reichsgrenze überschritten, »denn er wusste aus Erfahrung, dass die Franken ein unzuverlässiges, geldgieriges Volk waren, dass sich an keine ge-

troffene Vereinbarung hielt.« Wer einmal längere Zeit mit dem Gedanken gespielt hat, sich im Rhein-Main-Gebiet eine Eigentumswohnung zu kaufen, weiß, dass dies noch heute zutrifft.
Wie sehr der Geiz bis heute die Deutschen im Griff hält, zeigt sich an der →Kreativität, die sie entwickeln, um ein paar Kröten abzuknapsen. Nicht Not macht hierzulande erfinderisch, sondern Geiz. Nur in einem Land wie Deutschland, nur in einer Stadt wie Stuttgart konnte eine Zahnpasta wie *Ajona* erfunden werden – Slogan: »Man verwende sie sparsam. Eine linsengroße Menge genügt«. Das ist es, was Engländer mit *german efficiency* meinen. Warum nennen sie es nicht einfach Geiz? Was machen wir uns für Gedanken, um ein paar Groschen zurückzuhalten! Unglaublich. Um 24,35 Euro zu sparen, fahren auch gut situierte Eigenheimbesitzer grundsätzlich Route Nationale, wenn es in den Frankreich-Urlaub geht. Für diese tolle Sparidee lässt man sich gerne fünfzehn Stunden Diesel in die Nase wirbeln, vom schleichenden LKW da vorne, an dem kein Vorbeikommen ist, es sei denn unter Lebensgefahr. Wir kommen zwar völlig gerädert (und mit den anderen Wageninsassen bis zum Lebensende heillos zerstritten) fünfeinhalb Stunden später am Reiseziel im Süden an und nehmen auch gerne in Kauf, dass wir uns unterwegs insgesamt dreimal verfahren. Aber immerhin 24,35 Euro Kostenersparnis durch Mautumgehung. Bingo! Natürlich fahren wir in der Nacht los, und zurück nach Allemagne wieder in der Nacht, damit wir in den Morgenstunden ankommen: macht dann zwei gesparte Übernachtungen im Doppelzimmer à 60 Euro = 120 Euro gespart! Macht zusammen 144,35 Euro. Wow!

Schon bevor es in den Urlaub ging, haben wir den Kurzbesuch bei Mama nicht versäumt. Geiz geht stets einher mit Jammern. Denn erst ein – wenn auch nur eingebildetes – Elend lässt ihn moralisch legitim erscheinen. Wir quengeln ein wenig, erzählen, dass wir uns nichts leisten könnten, aber Urlaub doch so nötig hätten, weil wir 70 bis 80 Stunden die Woche arbeiten müssten – und erhalten prompt nach nur 20 Minuten Jammern 100 Euro für die Reisekasse (5 Euro pro Minute! Nicht schlecht!). Wenn sich das mal nicht gelohnt hat! Macht nun schon zusammen 244,35 Euro Ersparnisse. Nichts, was noch Nutzen hat, vergeuden wir, alles wird bis zum letzten Rest aufgebraucht und keine überflüssige Ausgabe getätigt. Deutsche Pfand- und Mehrwegsysteme für Flaschen funktionieren nicht deshalb so gut, weil wir große Umweltschützer, sondern weil wir Geizhälse sind. Wir beherrschen wie niemand sonst die Gesetze und Tricks der Probeabonnements. Über sie und die dazu versprochenen Werbegeschenke sind wir über die Jahre nicht nur an diverse kostenlose Zeitschriften und Periodika gelangt, sondern auch an Sonnenbrillen, Geldbeutel, Uhren, Lexika und Boxer-Shorts, einmal an ein ganzes Fahrrad sogar. Aus Kostengründen stopfen wir uns schon zu Hause voll, um uns dann im Restaurant an einem Salätchen und dem Brot, das es gratis gibt, gütlich zu tun oder es bei einem Süppchen bewenden zu lassen. Wir Deutsche wissen eben: »Von nichts kommt nichts« (→Zusammen essen, getrennt zahlen, →Wasser im Restaurant, →Benzinpreisgejammer, →Preis-Leistungs-Verhältnis).

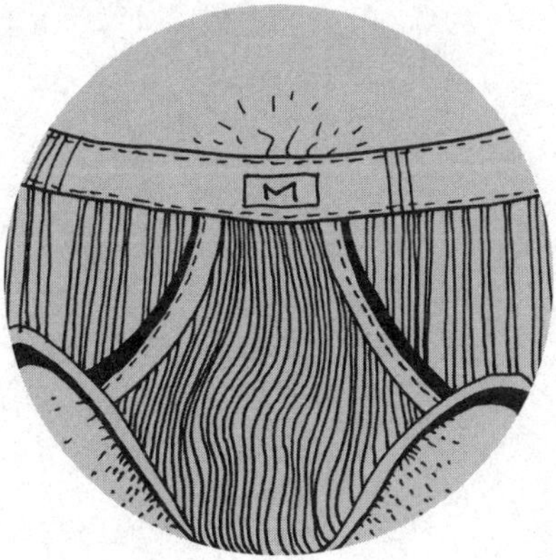

H

Halloween

war ursprünglich ein keltisches Jahresabschlussfest. Seit wir es aus den USA reimportiert haben, ist es ein Kommerzfeiertag ohne Sinn, ohne Herz, ohne lebendige Wurzel. So wie der Valentinstag im Grunde eine Erfindung der Firma Fleurop ist, ist Halloween das herbstliche Pendant von Karstadt, Kaufhof und McDonalds. Tatsächlich mögen Leute, die Halloween feiern, todsicher auch Ketchup. Da bei uns kulturell nicht eingeübt, herrscht große Unsicherheit über den genauen rituellen Ablauf dieser Mischung aus Karneval, Walpurgisnacht und Weltspartag. Sagt man »Helau« an Halloween oder »Hip-hip-Hurra«? »Heil Hitler« gar? Macht aber auch nichts – es ist ja gerade das Typische an diesen Schwundritualen, dass es eh wurscht ist, was da genau begangen wird. Hauptsache ein bisschen Hallodri, Mummenschanz und Prosecco. Für Studentendiscos immerhin ein weiterer Termin im Semesterverlauf, der sich für Anbagger-Feten anbietet. Oder zum Abdancen. (→Party pur) Für sittlich orientierte Eltern aber muss gelten: Haltet eure Kinder fern! (→Weihnachtsmänner an Hausfassaden)

Handy im Gürtel-Halter

Technisch oder handwerklich orientierte Männer in Bundfaltenjeans und Sportschuhen führen ihr Handy gerne wie ein Taschenmesser in einem Leder-Etui am Gürtel mit sich. Meistens sind das Autohaus-Mitarbeiter, Installateure, Männer, die beim Gaswerk arbeiten, Stromableser oder auch studierte Informatiker, die mit einem →Akku-Schrauber umgehen können. Hin und wieder ist auch ein Spritzguss-Unternehmer dabei. Fast nur Männer. Männer, die auch Timberland-Schuhe tragen könnten und kanadische Holzfällerhemden mit T-Shirt drunter. Wie wenig Sitte in solchem Tun herrscht, ergibt die Gegenprobe: Man stelle sich etwa Richard Gere mit Handy im Halter vor. Oder Sky Dumont bei jenem Tanz mit Nicole Kidman in Kubricks »Eyes wide shut«. Dann wäre eher nichts mit Weiber-Rumkriegen.

Haribo

Deutschland, ein Gummibärchen. So heißt ein Programm des Kabarettisten Mathias Tretter. Könnte aber auch die Vision von Firmengründer Hans Riegel, Bonn (= HaRiBo) gewesen sein. Seit achtzig Jahren gibt es Haribo. Täglich verlassen achtzig Millionen Gummibärchen die Produktionsstätten. Es gibt achtzig Millionen Deutsche. Macht ein Bärchen pro Deutschem pro Tag. Wer traut sich da noch zu sagen: Nein, meinen Bären ess' ich nicht? Problematisch neben der zähen, silikonhaften Konsistenz, die man sonst nur im Baumarkt oder im Sex Shop vorfindet, sowie dem pappsüßen Geschmack ist der ästhetische Infantil-Imperialismus, der von Haribo auf andere Sphären des deutschen Lebens übergeht: Nach Haribo riechen heute schon Pfeifentabake und Wunderbäume, die Ästhetik von Nachmittagstalks im Privat-TV erinnert an eine Tüte Fruchtgummis, farblich genauso komponiert sind →Fahrrad-Kinderanhänger, der →Europa-Park Rust oder das Bühnenbild der →Bambi-Verleihung (→Lecker, →Plastikbestuhlung). Und ein Ende ist nicht in Sicht. Neuerdings gibt es sogar →Wellness-Bären.

Heimatabend im TV

Das Volkstümliche als kommerzieller Ableger der Popkultur ist ein Phänomen, das nur dem deutschsprachigen Raum vorbehalten ist. Wie der Landgasthof will die Volksmusiksendung im Strudel des globalisierten Höllenschlunds ein letzter unversauter Ort wahren Deutschtums sein – und legt sich dafür ordentlich ins Zeug. Damit alles authentisch wirkt, wird massiv inszeniert, müssen mächtig Kulissen geschoben werden. »Das Ambiente der Volksmusiksendungen«, schreibt Georg Seeßlen, »trifft genau die Balance zwischen Kirchweih und Reichsparteitag mit je einem Schuss Stammtisch, Bordell und Militärparade.« Um richtig urig zu wirken, ist die Volkstümelei darauf angewiesen, vorab eine bestimmte Stimmung zu erzeugen. Die List: Man berührt zuerst einen wunden Punkt in der Volksseele: die deutsche Heimatsehnsucht – und verspricht dann, sie zu lindern. Die verlorene Heimat gibt es zwar nicht zurück, aber zum Trost zelebriert man *German Gemütlichkeit*: Zusammenrücken wie in der Tokyoter U-Bahn, Schunkeln, Zuprosten, Anrempeln und Unterfassen des Publikums durch den Volksmusik-Moderator, unaufhörliches Abfragen des Gemütszustandes: »Und, wie simmer?« – »Ich hör' ja gar nichts!« Mit dem Ellenbogen in die Rippen stoßen, Anknuffen und Anbusserln des Publikums. Das hat auch etwas von der Saalfasnacht im Altersheim, bei der sich gelähmte Greise nicht mehr wehren können, wenn man ihnen das Papp-Hütchen aufdrückt.

Aber die Volkstümelei bietet nicht nur den Ersatzstoff für eine untergegangene Heimat, sondern rehabilitiert das Lebensschicksal ganzer Volksgruppen. Nur in der

Volkstümelei gibt es Stars, die genauso ordinär und hässlich sind wie ihr Publikum. Kumpeltypen, Dickerchen, Hypertoniker. Das schafft Identifikation. Einzig hier sind die dummdreisten Deppen vom Dienst, wie sie Manfred Deix in unerreichter Könnerschaft porträtiert hat, nicht Objekt der Verachtung, sondern hier verachten zur Abwechslung einmal sie; und zwar die Großkopferten, die Blasierten, die Studierten – also alle, die meinen, sie seien etwas Besseres. Hier lassen sie die Sau raus. Nicht nur das: Hier kann die verfluchte Provinzialität endlich einmal schmerzfrei erlebt werden, ja mehr noch: Hier wird sie zur Tugend gemacht. Das Hinterweltlertum wird überhöht, Geist und Glamour sind gleichermaßen verpönt.

Die Volkstümelei ist ein Sammelbecken der Modernitätsverlierer vornehmlich jenes Teils dieser Republik, dem man vor lauter Ratlosigkeit den Namen »ländlicher Raum« verliehen hat. Weil es Menschen solchen Schicksals zusammenführt, droht im Volkstumserlebnis auch immer zugleich beides auszubrechen: Frustration und Aggression. Tiefe Rührseligkeit, geboren aus Selbstmitleid, und höchster Hass auf ein erlittenes Unrecht, das aber anonym bleibt: Die Tränen über den achtjährigen Kinder-Star, der seiner Mama vor dem Millionenpublikum ein Ständchen singt, vergießen dieselben, die Minuten später mit donnerndem Gelächter über den ausländerfeindlichen Witz oder die Blondinen-Zote ihre eigenen Niederlagen abreagieren. Herr, führe sie aus diesem tiefen Tal.

Herrenschlüpfer mit Eingriff

Die Baumwollunterhose ist eine deutsche Erfindung. Schon 1876 soll die preußische Armee ihre Soldaten mit ersten Prototypen ausgestattet haben. Führend in der Herstellung war und ist die Firma Schiesser aus Radolfzell am Bodensee. Schon 1901 erhielt das Unternehmen auf der Pariser Weltausstellung den Grand Prix für mehrere Patente, unter anderem für eine besondere »Abhärtungswäsche« aus Leinen – was da genau abgehärtet werden sollte, das Material, der Unterleib oder gar die Beziehung zur Partnerin, ist im Detail nicht mehr zu rekonstruieren. Seit dem Ersten Weltkrieg und bis zum heutigen Tag präsentiert sich vor allem der deutsche Herrenschlüpfer mit Eingriff unbeeindruckt von modischen Entwicklungen als eine feste Größe im Unterbekleidungs-Sortiment. Doppelripp statt Mini-Slip. Eigentlich ist der »Eingriff« inzwischen nur noch ein Kann-Element. Er kündet allerdings von der blühenden Zeit, in der sich Männer noch ihrer Natur gemäß erleichtern durften und nicht im →Sitzen pinkeln mussten. Konzipiert ist er – wie man im Hause des Herstellers sagt – für Männer »mit hohem Leib«, paradetypisch für solche, die noch Latzhosen tragen. Sie müssen sich beim Urinieren nicht umständlich entkleiden, sondern brauchen nur den Hosenladen zu öffnen, in den Eingriff zu langen und schon heißt es »Wasser, marsch!«. Obwohl heute nicht mehr allzu viele Männer »mit hohem Leib« und Latzhosen unterwegs sein dürften, ist der Eingriff im Herrenschlüpfer marketingmäßig offenbar nicht gefährdet: Die, die zur Entleerung lieber den Elastikbund nach unten ziehen, stören sich nicht weiter an ihm, und die, die ihn gebrauchen, werden weiter wissen, was sie an ihm haben.

Hochdruckreinigen

(auch Dampfstrahlreinigen) Jeder Volksstamm dieser Welt hat im Laufe seiner Kulturgeschichte typische Waffen und Werkzeuge hervorgebracht, angepasst den speziellen Lebensbedingungen, unter denen er zu existieren gezwungen ist. So war für einen Inuit das Schneemesser aus Walrossknochen, mit dem er die Schneeblöcke für sein Iglu schneidet, stets überlebenswichtig; für den Dschungelbewohner war und ist es die Machete. Auch das wichtigste Werkzeug der Deutschen ist gleichzeitig eine Waffe: der Dampfstrahl- oder Hochdruckreiniger. Wer an einem Samstagnachmittag im Sommer einmal durch deutsche Wohnsiedlungen spaziert, kann sich davon überzeugen. Schon gegen 13.30 Uhr sind die meisten in Stellung gebracht, und praktisch begabte Menschen knapp vor oder schon jenseits der Pensionsgrenze senden messerscharfe Wasserstrahlen zum Beispiel direkt unter die steinernen Lider eines gräulichen Baumarkt-Putto aus Gips, der am Rande einer herzförmigen Vogel-Tränke auf Zehenspitzen posiert und einen schneckenhausartigen Kelch schultert. Da dieses Wesen schon etwas in die Jahre gekommen ist, werden mittels Wasserhochdruck jene grünlichen Ablagerungen an den Rändern wegziseliert, die den Blick des Geschöpfs trüben könnten. Alsbald geht man dazu über, all jenen Algen, Kriechgewächsen und Moosen den Garaus zu machen, die man auf den Keramikklinkern der Terrasse sowie in den schmalen Ritzen vermutet, die sich zwischen den einzelnen Knochen-Pflastersteinen der Garageneinfahrt auftun. Der Dampfstrahler ist dabei von einigem akustischen Interesse, vereinigt er doch jenes tief brummelnde Motorengeräusch, bekannt etwa von sogenannten Notstromaggregaten, über die man hin und wieder bei Sommernachtsfeten im Freien stolpert, mit dem scharf zischenden Aufprall-Geräusch des Wasserstrahls auf der Steinoberfläche. Wie beim motorisierten Zurichten der Gartenwelt, einer anderen deutschen Unsitte, scheint nicht die Arbeit das Geräusch zu legitimieren, sondern andersherum die Imposanz des Geräuschs erst die Arbeit. (→Militarisierung der Gartenwelt, →Laubbläser, auch: →Abwaschbarkeit) Irgendwo stand einmal, deutsche Schützenvereine hätten deswegen so hohen Zulauf, weil im Augenblick des Schussdonners die Welt für kurze Zeit ganz stille stehe und der Schütze, wenn auch nur für die Zeit des Knalls, ein bisschen Schöpfergott, creator mundi, sein dürfe. Auch Dampfzustrahlen ist ein bisschen wie Gott sein. Wie Thor mit dem Dampfhammer. Und sogar länger als nur für einen Augenblick.

Hochzeitsulk

Wenn deutsche Paare heiraten, dann gibt es oft viel Ulk drumrum. Im Sportheim oder im Edelrestaurant, ganz egal. Meistens wird nach dem Essen ein Dia-Projektor aufgebaut (→Dia-Vortrag) und Freunde lesen Reime vor, die sie so vorbereitet haben, dass sie mit dem jeweiligen Dia in Beziehung stehen. In der Regel wird dann der Lebenslauf von Braut und Bräutigam durchgehechelt und humoristisch kommentiert. Immer ist ein Bild von Bräutigam oder Braut dabei, das sie oder ihn als Kind in der Badewanne zeigt. Der Text könnte wie folgt lauten: »Im Dreck tat gern die Karin manschen, nun sieht man sie im Becken plantschen.« Die Gäste wiehern. Meistens erhebt sich gegen später ein entfernter Großonkel, setzt die Lesebrille auf und holt eine eng getippte, achtseitige Brautrede aus der Anzugtasche. Löffel gehen auf Gläser nieder. Jemand ruft »Silizium!« Und dann macht Onkel Wilfried los. Bis ihm nach 33 Minuten jemand das Mikro wegnimmt, er von der Bühne gekippt und abgeführt wird. Damit nichts, was man geschenkt bekommt, dem Zufall überlassen bleibt, hat man zuvor im Haushaltsgeschäft Dreher in der Hauptstraße einen Hochzeitstisch zusammengestellt. Anhand der Geschenke kann das Hochzeitspaar so bequem ermitteln, wer bereit war, wie viel auszugeben. Menschen, die so Hochzeit halten, geben auch in der Zeitung eine Anzeige auf, wenn Opa einen runden Geburtstag feiert. »Der Opa ist heute 70 Jahr, das finden wir doch wunderbar. Wir wünschen ihm zum Jubelfeste, natürlich nur das Allerbeste! Deine ›Harxheimer‹« – in Anführungszeichen gehalten. Eben *heart to heart*. Ein Lächeln ist die kürzeste Verbindung zwischen zwei Menschen. Ist es nicht so?

Hundeunwesen

Der Dachverband für Hundeliebhaber in Deutschland heißt »Verband für das deutsche Hundewesen« (VdH). Die Gründung des »Verbands für das deutsche Hundeunwesen« steht dagegen aus, ja, sie wäre ein dringliches Sittlichkeitsgebot. Nun könnte man einwenden, dass das Hundeunwesen ein globales Problem ist, sodass wir eigentlich gleich wieder aufhören könnten, weil sich dieses Werk ja die Aufgabe gestellt hat, Unsitten auf nationaler Basis abzuarbeiten. Oder gibt es doch deutsche Ausprägungen des Hundewesens? Aber sicher! In keinem Land der Welt gibt es mehr organisierte Hundeliebhaber als in Deutschland. 600.000 Mitglieder sind bei uns im »Hundewesen« organisiert – und sie kennen sich gut aus. (»Mein Gott, ist der Retriever ermüdet!«, sagte neulich ein Mann im Café zu mir und deutete auf einen am Boden liegenden Hund, den ich für einen Lassie gehalten hätte. Oder sagt man Collie?) Deutsche Hundebesitzer neigen im Umgang mit ihren Tieren tatsächlich zu besonderen Eigenheiten: Wie beim VdH in Erfahrung zu bringen war, fällt Ausländern, die zu uns kommen, anscheinend immer wieder auf, dass deutsche Hunde in der Öffentlichkeit viel präsenter sind als in anderen europäischen Ländern. Tatsächlich wird der Hund nirgends so sehr als Partner oder Familienmitglied gesehen wie bei uns. (Es gibt sogar eine Zeitschrift *Partner Hund* – und die ist, anders als das vor Jahren lancierte Periodikum für Hundehasser namens *Kot & Köter*, keine satirische Veranstaltung.) Woanders kommen die Menschen nicht auf die Idee, ihren Hund mit ins Restaurant zu nehmen. Der Deutsche nimmt Aika, Finja oder Charly überall mit hin: ins Hotelzimmer, ins Flugzeug, in fremde Privatwohnungen. Typische Hundehalter sind Eltern zwischen 30 und Ende 40 mit zwei Kindern und Eigenheim – und nicht selten nimmt Flora, Luna oder Blacky die Rolle des dritten Geschwisterkinds ein. Beweis: Bei uns grüßen die Hunde sogar schon von der Weihnachtskarte: »Schöne Weihnachten wünschen Karl-Heinz, Sabine, Leon, Zoë und Ombra«. Gerne kommt der Hund auch mit aufs Klingelschild und die Briefkasten-Aufschrift. Der deutsche Hund wird viel stärker vermenschlicht als seine internationalen Artgenossen – die Naturferne sei bei uns extrem, hört man. Gleichzeitig sei unser erzieherischer Ton rauer: »Sitz!«, »Platz!« und »Aus!« werden bei uns gebieterischer ausgerufen als die entsprechenden Kommandos anderswo. Es scheint, das Obödienz-Erlebnis ist für den deutschen Halter überaus wichtig und motivierend, was in anderem Zusammenhang schon in namhaften Studien zum autoritären Charakter der Deutschen festgestellt wurde. (Neulich im Park mitgeschnitten, Mann mit Rottweiler kreuzt: »Fuß! Ich hab gesagt: Fuß! *(Stimme schwillt bedrohlich an)* Was ist das? *(Mann brüllt den Hund an, der die Ohren zurücklegt)* Ist das »Fuß«? *(Der ausgestreckte Zeigefinger wird dem Hund direkt vor die Nase gehalten)* Waaaaaaas ist Fuß? *Der Hund pariert zu aller Erleichterung.* »Das ist Fuß! Sooooo, braaaav, guter Junge! So ist es richtig!« Alle atmeten erleichtert durch, puuh!)

Der Ausgewogenheit halber sei den Hundefreunden zugutegehalten, dass sie auch Ansätze sittlicher Besserung erkennen lassen. Die Verkotung unseres Lebensraums durch Hunde geht allmählich wenigstens etwas zurück dank der neuen Angewohnheit vieler Hundehalter, den Hundsschiss in mitgebrachte Plastikbeutel zu verpacken und mitzunehmen. Da jedoch die Entsorgungsstellen in oft erheblicher Entfernung zum Ort des Defäkierens liegen, sieht man jetzt häufiger verantwortungsbewusste Großstadtbürger, die mit dem Hunde rechts an der Leine und einem verknoteten Kack-Säckchen in der Linken durch unsere Grünanlagen streifen. Ob da der VdH weiterhin recht hat mit der Behauptung, Hunde erleichterten es ihren Besitzern, mit jemandem des anderen Geschlechts in Kontakt zu kommen? Würden Sie einer Partnerschaft eine Chance geben, die in Anwesenheit eines Beutels körperwarmen Hundekots in der Handfläche angebahnt wird?

Die Welt wäre schöner ohne Hunde. Das ist unbestritten. Ebenso unbestritten ist es, dass bei Menschen, die sich Haustiere halten, irgend etwas nicht recht stimmen kann, zumal bei denen, die sich einen Hund zulegen. (Ausnahmen: Man ist blind, hat einen Hof zu bewachen oder dient der allgemeinen Sicherheit.) Eines muss man dem »Verband des deutschen Hundewesen« aber doch lassen: Er hat einen sehr freundlichen Pressesprecher mit niederrheinischem Akzent, dem auf diesem Wege gedankt sein soll.

Hymermobil

»Wir sind auf niemanden angewiesen!« – Dies ist die weltablehnende Ideologie des nach Autarkie strebenden Deutschen, der sich entschieden hat, zum Hymermobilisten zu werden. Der Deutsche fährt zwar gerne in die Fremde, tritt dort aber allen mit dem Anfangsverdacht entgegen, sie wollten ihn übers Ohr hauen (→Abzocke). Die Welt außerhalb des Heimatorts besteht nur aus staatlich lizenzierten Wegelagerern, darum lieber in kein Hotel, kein Restaurant – ja keine Feindberührung. Wir machen alles selber. Hymermobil-Urlaub hat etwas Beleidigtes, Misstrauisches. Das Fahrzeug: eine →Strandburg auf Rädern. Bekloppt aussehen tut das Ding sowieso. Und es nervt mindestens so sehr wie holländische Wohnwagen auf der Autobahn. Empfinden Sie nicht auch Schadenfreude, wenn mal wieder so ein rollender Blechkasten am Straßenrand eine Panne hat und nicht mehr weiterfahren kann? »Geschieht Dir grad recht« oder »Wieder einer weniger«, denke ich dann immer. Oder sind Ihnen solche bösen Gedanken fremd? Dann überlegen Sie doch mal: Ein amerikanisches Klasseauto, sagen wir ein Cadillac aus einem Hollywood-Film, der mit einer rassigen, aber lebensmüden Blondine am Steuer von der Straße abkommt und die Klippen runtersegelt, nachdem sie sich nochmals die Lippen nachgezogen hat und das Gaspedal durchdrückt, fliegt weich, elegant und mit warmer Erhabenheit in den kalten Pazifischen Ozean – und geht dort in Würde unter. Ein Hymermobil dagegen – wiewohl zu wünschen wäre, dass einige mehr diesen Weg anträten – hat im Vergleich dazu plumpe, ja fast schon moorhuhnhafte Flugeigenschaften und reicht, was Flugbahn und Überschlagsverhalten angeht, nicht im Ansatz an die Eleganz des Cadillacs heran. Weshalb auch nicht Sharon Stone am Steuer hockt, sondern Hans-Günther – und daneben Frau Erika Kälble, geborene Hundsnurscher aus Vaterstetten im Bayerischen.

VOR-
WÄRTS

Innere Werte

Früh haben wir in diesem Land gelernt, dass es offenbar am meisten auf die inneren Werte ankomme. Neben dem Schweinehund sind sie es, die den deutschen Seelenkern bevölkern. An sie wurde appelliert, wenn das Mädchen zu hübsch war, das wir zur Freundin hatten, oder wenn wir Rock'n' Roll statt Bach und Brahms hörten, wobei hier zum Mangel an innerer Wertigkeit noch die fehlende Tiefe des Gehörten trat. Alles, was zu leicht und leichtlebig oder auch zu überquellend prall scheint, kollidiert bei uns fast immer mit dem inneren Wert, der sich damit scheinbar nicht vereinbaren lässt. Äußerliche Attraktivität und echte Tiefe schließen sich aus im deutschen Wesen. Dass sie sich vertragen, gar wechselseitig potenzieren könnten, auf diesen verwegenen Gedanken würde kein Deutscher je kommen.

Und doch ist was faul mit der deutschen Innerlichkeit. Denn wer genau nachschaut, erkennt bald: Nie war sie eine Errungenschaft, sondern vielmehr stets ein Reflex derer, die sich von der Macht oder vollends vom Leben ausgeschlossen sahen. Innerlichkeit mangels Alternative, die Idealisierung des Verzichts – und ihr Medium ist das deutsche Buch. Auch dieses war immer das Produkt einer Gefangenschaft. Immer stand auf seinen Seiten: »Wir könnten auch anders, dürfen aber nicht!« – Und immer las sich das ein wenig, als wenn es beleidigte Kinder niedergeschrieben hätten, die zu Hause bleiben müssen und nicht mit den anderen spielen dürfen. Noch im selbstbewusstesten Bekenntnis zum inneren Wert schwingt immer der Schmerz darüber mit, gar nicht aus sich heraus zu dürfen, oder, nach einigen Generationen verinnerlicht: zu können. Tugend war eben zu jeder Zeit nur Mangel an Gelegenheit. Und was man nicht kriegt, das macht man schlecht. Irgendwann funktionierte das auch in die andere Richtung: Wer am inneren Zustand dieses Landes Kritik äußerte, konnte nicht zugleich »äußerlich« sein. Äußerlichkeit bedeutet bei uns noch immer das Bekenntnis zur Oberflächlichkeit: Das ist der Grund, aus dem die deutsche Linke, die alte wie die neue der Bürgerbewegungen mit Schwerpunkten Frieden, Frauengleichberechtigung, anti-autoritäre Erziehung, Anti-AKW, Psychologisierung: aus dem allgemein deutsche Emanzipation notwendig und gut, aber immer so unansehnlich war und es bis heute ist – warum, kurz gesprochen, in Bioläden heute immer noch Regale aus Fichte stehen, warum das Design der politischen Grünen so scheußlich ist, warum dieser ganze Schlabberhosenlook in Birkenstocktretern überhaupt bei uns je eine Chance hatte. Innerlichkeit bedeutet im deutschen Kurzschluss: Eleganzverbot nach außen. Das ist nicht wenig. Denn wie sagt Karl Rosenkranz: »Die Hölle ist immer auch eine ästhetische.« (→Achselhaar, weibliches)

Inneren Schweinehund überwinden

Deutsche haben eine masochistische Neigung. Damit sie sie entdecken, gibt es schon ab der fünften Klasse Sportlehrer mit Trillerpfeifen. Und ab der neunten Tanzlehrer (→Tanzstunde). Wer seinen Schweinehund nicht während der Schulzeit ausgemacht oder gar bezwungen hat, kann später jederzeit an einem Marathonlauf teilnehmen. Der Marathonlauf nimmt für die Deutschen heute den Platz ein, der früher einmal dem Volkswandertag vorbehalten war. Jedes Jahr machen mehr mit, 2006 waren es erstmals 100.000 Deutsche. Nur in den USA und den Niederlanden gibt es, prozentual, noch mehr Läufer als bei uns. Vor allem Menschen in der Midlife-Crisis kurieren sich mit diesem Mittel, ganze Städte werden dazu abgesperrt und luftüberwacht, wenn Zehntausende es dem eigenen Schweinehund wieder einmal zeigen wollen und sich auf den Weg machen. Man muss sich mal an so einem Sonntagmittag Zeit nehmen und sich an die Strecke stellen. Wenn die ausgemergelten Leiber mit entsetztem Gesichtsausdruck durchs Bild laufen, fühlt man sich an Edvard Munchs »Der Schrei« erinnert – und will irgendwie helfen, trösten, Geld geben. Von Kindern wird man gefragt: »Hat die Frau Aua am Fuß?« Oder: »Der Mann hat ein Gesicht wie ein böser Räuber.« – »Aber nein, das ist nur die Anstrengung!« Manchmal kommen auch Läufer vorbei, bei denen der Schweiß schon den Schritt der Mikrofaserhose durchfeuchtet hat. »Papa, hat der Mann Pipi gemacht?« Andere zucken auf den letzten Kilometern nur noch. Hier scheint der Mensch die Auseinandersetzung mit dem Schweinehund verloren zu haben. Man kann schließlich nicht immer gewinnen. (→Daumen drücken)

Investigative Politmagazine

Geht es Ihnen nicht auch so, dass Sie den ZDF-Mann von *frontal 21* nur noch nach zwei Export ertragen? Ansonsten ihn am liebsten am eng gezurrten Krawattenknoten aus der Glotze ziehen würden? Oder noch schlimmer: den Fuchs von Report Mainz? Dieses Knallhart-Getue im Dienst der Welterrettung? Schlaue-Fuchs-Reporter, die in einer immerbissigen Art potenzieller Gewaltbereitschaft ihre Texte runterkläffen, dass man sich um ihre Frauen Sorgen machen müsste – falls sie welche haben? Schonungslos wird im deutschen Politmagazin in die Trickkiste der Fernsehtechnik gegriffen und mit allerlei optischem Firlefanz hantiert, damit die Wahrheit ja nur erscheine, als sei sie unter Einsatz des eigenen Lebens aus der Höhle des Löwen geholt worden. Prophylaktisch greift man gerne auf die versteckte Kamera zurück – zur Not auch noch bei der offiziellen Pressekonferenz. Beliebt sind grafisch verfremdete Schriftstücke, bei denen irgendein Paragraph farblich abgesetzt wird. Und alle Bilder sind verwackelt. Lebensbedrohungsästhetik. In der Nachbearbeitung untermalt mit Klängen von der CD »Gefahr bei Nacht« aus dem Schallarchiv. Die Bilder stehen für das Authentische, das im Grunde jeder Stilisierung spottet – paradoxerweise gerade deswegen aber immer öfter inszeniert wird. Stimmenverzerrung und das verpixelte Bild steigern nachweislich die Einschaltquoten – und so wird verfremdet und eingetrübt, bis am Ende nur noch das öffentlich-rechtliche Sendelogo rechts oben einigermaßen klar zu sehen ist. So gerät selbst noch der Brötchen-Einkauf des Reporters zur konspirativen Aktion.

»Gegenüber unserem Reporter war man zu keiner Stellungnahme bereit.« Solche Sätze waren früher Momente höchsten Gruselns. Sie symbolisierten das Einschüchterungspotenzial, das von den »Politmagazinen« einmal ausging. Politiker fürchteten sie und tauchten einfach ab. Wenn Moderatoren diesen Satz heute bemühen, wollen sie wohl unbewusst diesen Effekt beschwören. Aber er hat heute eine ganz andere Bedeutung. Was von den »Politmagazinen« von heute übriggeblieben ist, halten viele der Mächtigen der Republik inzwischen für zu unbedeutend, als dass sie sich auch nur fünf Minuten Zeit für ein Statement nehmen würden. Der neue Quoten-Populismus hat die zur echten (weiterhin höchst notwendigen) politischen Kritik notwendige Gesinnung längst verdrängt und fordert seine eigenen Themen. Stand im Mittelpunkt der öffentlichen Kritik früher der Politiker, der den Staat missbrauchte, so heute offenbar ein Staat, der von morgens bis abends seine Bürger belügt und betrügt (→Abzocke). In den Augen der Boulevard-Kritik scheint die Frage nach der richtigen Politik nur noch auf diejenige nach dem Wohlbefinden des *homo oeconomicus* geschrumpft zu sein. Sich dem vielzitierten und immer geschröpften Otto Normalverbraucher anzubiedern, ist denn auch der neue quotensichere Weg, das Befinden des ewig abgezockten Steuerzahlers der neue Gradmesser der politischen Kritik. Heraus kommt am Ende eine bizarre Mischung aus →BILD-Kommentar, Verbrauchermagazin und »Aktenzeichen XY«. Aber: Hauptsache gekläfft. (→Hundeunwesen)

J

Journalisten-Geseier

Warum eigentlich? Warum machen deutsche Journalisten das und schämen sich nicht? Warum heißen in deutschen Fernseh-Beiträgen Hunde immer Vierbeiner, Elefanten Dickhäuter, Fahrräder Drahtesel und schwimmende Menschen Wasserratten? Warum ist Schnee immer die weiße Pracht, die vor irgendwelchen Toren irgendwelcher Städte liegt? Warum sind in Beiträgen aus der Reiseredaktion Strandspaziergänge immer ausgedehnt, Hügellandschaften sanft? Warum sind Rentner immer rüstig, warum glänzt Seide immer verführerisch? Man weiß es nicht. Warum schreibt der Lokalredakteur nach dem Stadtteilfest immer, für das leibliche Wohl sei gesorgt gewesen, warum teilt er uns bei schönem Wetter mit, dass Petrus ein Einsehen hatte, andernfalls aber, dass das Fest ins Wasser gefallen sei – und zwar auch noch: buchstäblich? Warum ist es das höchste Lob des Kultur-Kritikers im Regionalteil unserer Tageszeitung, dem Kabarettisten zu attestieren, er sei ohne moralischen Zeigefinger ausgekommen? Warum muss der Kunde im TV-Verbrauchermagazin Geld hinblättern oder gar welches berappen oder vollends tief in die Tasche greifen? Warum öffnen Messen immer irgendwelche Pforten? Warum schwingen Prominente auf dem Bundespresseball stets das Tanzbein und zwar: mit ihrer besseren Hälfte, nachdem sie sich in Schale geworfen haben? Warum muss im deutschen Journalismus aus Karlsruhe die Fächerstadt werden, aus Freiburg die Breisgaumetropole, aus Köln die Domstadt? Warum flimmern bei der Berlinale Streifen über die Leinwand? Warum heißen Erstklässler im Nachrichtenfilm ABC-Schützen, die die Schulbank drücken? Warum wird bei

Fahndungen nach Attentätern von der Polizei immer bis in die späten Nachtstunden, wenn nicht gar in die frühen Morgenstunden, immerzu fieberhaft gearbeitet? Warum ist Jubel, der Stars empfängt, immer frenetisch? Ob beim Grillfest des Hundesportvereins oder beim Rockkonzert mit den Rolling Stones: Warum laufen Stunden vorher mit absoluter Sicherheit hinter den Kulissen die Vorbereitungen auf Hochtouren? Und warum schließlich sagt ein Mann wie Klaus-Peter Siegloch im *heute-journal* ungestraft Sätze wie diese: »Die deutsche Bahn fährt immer weiter in die roten Zahlen. Jetzt hat Mehdorn die Notbremse gezogen.« Tun wir jetzt auch. Bevor wir ins Schlingern kommen.

Jugendfußball

Das Sittlichkeitsproblem betrifft hier nicht die Kinder und Jugendlichen, die einfach nur im Verein Fußball spielen wollen, sondern die den Sportplatz umstehenden erwachsenen Sportfreunde beiderlei Geschlechts, die darauf achten, dass es dazu nicht kommt. »Just do it« steht auf den Sporttaschen der Buben. Die Realität ist komplexer. Das wird gleich nach Anpfiff beim D-Jugend-Spiel klar. Der Türkenjunge, dessen Vorname dem Trainer auch nach einem halben Jahr noch nicht geläufig ist, kann zwar mindestens genauso gut spielen wie die anderen, kommt aber leider nicht zum Einsatz. Soll sich mal warm halten. Sein Vater ist weder Trainer noch Assistenztrainer, noch kennt er beide näher. Er ist kein Vereinsfritze, auch kein Autohausbesitzer, bei dem der Trainer seit Jahren seine Jahreswagen mit Sonderrabatt bezieht, noch ist er sonst wer. Dafür spielt Dennis. Der kann es zwar nicht so gut, aber seine Mutter geht samstags immer mit des Trainers Frau nach Frankfurt auf die Zeil zum Shoppen, sich die Nägel machen lassen und manchmal gegen später noch auf den Wackel, wie sie sagt, oder in die Disco. Bereits beim ersten unverdienten Freistoß beschimpfen sich die Eltern der beiden Teams gegenseitig. »Faule Sau!« Bald reckt sich zum ersten Mal der Effenberg in Richtung Schiedsrichter. Das Kind Patrick wird nach verschossenem Elfmeter von seinem Vater bei der Ehre gepackt – und unter Tränen ausgewechselt. In der zweiten Halbzeit beherzigt Marcel den dringenden Rat seines Erzeugers, sich ab sofort nichts mehr gefallen zu lassen und ruhig mal ordentlich reinzugrätschen. Marcel macht seine Sache gut, sodass Pascal von der gegnerischen Mannschaft tatsächlich nach zehn Minuten der zweiten Halbzeit und für die nächsten zwei Spiele mit einer Risswunde am Oberschenkel ausfällt.

Solariumgegerbte Mütter im Leo-Look keifen über den Platz, Papas tragen glasigen Blicks die vierte Halbe aus dem Vereinsheim, Schwaden von Pommes-Fett stehen überm Strafraum. Die Kinder tun nur das, wovon sie glauben, dass es von ihnen erwartet wird. Die Eltern tun auch nicht mehr. Wollen nur spielen.

K

Kalauer- und Witzelsucht

Arbeitnehmer, die mit ansehen müssen, wie andere auf der Karriereleiter mit Leichtigkeit an ihnen vorbeiziehen, reagieren ihren verständlichen Drang, endlich auch einmal wahrgenommen zu werden, gerne in Form der deutschen Witzelsucht ab, also durch vermeintliche Bonmots, mit denen sie ihre Kollegen ununterbrochen auf die eigene Originalität hinweisen. Rückt etwa die Mittagszeit näher und sortiert sich der Kollegenkreis zum Mittagessen in der Kantine, sind sie es sicher, die bald »Mangiare!« krähen – oder zurückgeben: »Sir, yes, Sir!« oder gerne auch »Machbar, Herr Nachbar!« Sie müssen gerne mal »telefonanieren«, sagen bei Gelingen, das sei »gefickt eingeschädelt« und kommentieren Vorschläge ihrer Telefonpartner, die ihre Zustimmung finden, mit einem »Zum Bleistift!«, »Bingo!« oder »Helau!«, mit »okidoki« oder »tutti paletti«. Sind sie überrascht oder geht ihnen etwas gegen den Strich, hört man sie »Hollah, die Waldfee!« ausrufen. Geht es vollends um Entwicklungen, die sie geistig zu einem unguten Ende weiterführen, rufen sie aus: »Sodom und Gomera!«, »Dann ist Ende im Gelände« oder »Aus die Maus!«. Mehrarbeit, die sie auf sich zukommen sehen, lehnen sie noch immer mit der Bemerkung ab, sie seien keine »eierlegende Wollmilchsau«. Geht was klar, oder ist es »null problemo«, sagen Sie: »Du, kein Thema!« Witzelsüchtige Deutsche siezen sich gerne wie im Spiel, obwohl sie wie alle im Kollegium »per Du« sind. »Herr Müller, hätten Sie die unendliche Güte, meine Wochenendbereitschaft zu übernehmen?« Worauf Müller bald antwortet: »Das tangiert mich nur peripher, denn da habe ich schon was vor!« – »Geruhen Herr Maier mir zu sagen, was?« hört man durchs Großraumbüro tönen, sodann von Müller: »Meine Wenigkeit geruht mit meinem Lebensabschnittspartner ein ganz normales Wochenende in Balkonien zu verbringen! Das kann ich Ihnen nackt in die Hand versprechen.« Bei der Weihnachtsfeier hebt Maier gutgelaunt sein Sektglas, denn es geht ihm »ausgebrochen gut« – so gut, dass er in Müllers Richtung sicher bald »Prostata!« ruft. Fällt dessen Glas dabei aus Versehen zu Boden, träfe es Maier nicht unvorbereitet, und er riefe schlagfertig, Müller solle doch bitte das wertvolle Stück nicht mit »bronchialer Gewalt« zerstören. »Tel Aviv!« könnte Müller geistesgegenwärtig kontern und tut das sicherlich auch. Am Ende des Tages verabschieden sie sich nach Hause, entweder mit der Formulierung »Bis spinäter!«, »A demäng« oder vollends mit »Tschüßikowski!«. Sollten sich lieber mal an Gracián halten: »Nicht immer Scherz treiben!«, sagt der in seinem Handorakel, denn: »Der Verstand eines Mannes zeigt sich im Ernsthaften, welches daher mehr Ehre bringt als das Witzige.« (→Comedy, →Witze erzählen) Na dann, tschö mit ö.

Kalbsleberwurst, streichzart, im Golddarm

In Frankreich kennt man über hundert verschiedene Pâtés, über einhundert verschiedene Rezepte für Terrinen aus Gänse-, Enten- und Kalbslebern, mit Fasan und ohne, mit Hasenfleisch und ohne, mit Trüffeln und ohne, mit Nüssen und ohne. Bei uns gibt es Leberwurscht. Die Meisterschaft verlegt sich von Vielfalt und Kompositionskunst auf die Technik der Zerkleinerung. Daher: streichzart. Aber bei der Pelle lassen wir uns nicht lumpen und zeigen, was wir können: Golddarm.

Wahrscheinlich auf einem mit Rama bestrichenen Toastbrot. Fein. (→Aufschnitt)

Kaufpreis-Unkenntlichmachung bei mickrigen Geschenken

Der Deutsche achtet stets auf das →Preis-Leistungs-Verhältnis. Selbst das Schenken ist davon nicht ausgenommen. Gerne hätte er, dass es keiner merkt. Aber er verrät sich doch. Ein Hinweis darauf, dass der Deutsche die eigene Gabe als etwas zu mickrig einstuft, ist der unkenntlich gemachte Kaufpreis, etwa mittels eines dicken Filzschreibers auf der Taschenbuch-Rückseite. Das durchgestrichene Preisschildchen ist nie, was es dem Adressaten weismachen will, nämlich Zeichen einer gänzlich antimaterialistischen, wahrhaft humanistischen Schenkgesinnung, die das Geschenk von der Erwähnung des materiellen Werts freihalten will. Meist ist es nur die Manifestation des schlechten Gewissens über den eigenen →Geiz. Beweis: Tatsächlich werden fast ausnahmslos solche Kaufpreise gelöscht, die eher zu niedrig und der Beziehung zwischen Schenkendem und Beschenktem unwürdig sind, die also nur das Schäbige in der Einstellung des Schenkenden zum Ausdruck bringen. Hol uns doch der Teufel!

Kellner

Deutsche Dienstleistende sind ein verrücktes Völkchen. Sie empfinden den Kundenkontakt weitaus häufiger als Störfall (→Alptraum Kunde) denn als willkommene Möglichkeit, ein gutes Geschäft zu machen. So entsteht etwa in deutschen Restaurants immer wieder der Eindruck, nicht der Wirt könne froh sein, wenn Gäste kom-

men, sondern vielmehr die Gäste, weil sie hier sitzen, essen und Geld ausgeben dürfen. Bei Kellnern scheint die Einstellungsbedingung oftmals nicht Höflichkeit, Rücksicht und Aufmerksamkeit zu sein, sondern ein sichtbares Bauchnabel-Piercing und *nail design*. Wer nicht pariert, sondern sich nur wohlfühlt, an dem wird sich gerächt. →Draußen nur Kännchen und Hotel-Frühstück nur bis neun Uhr. Wer um zehn vor neun kommt, erntet bereits giftige Blicke, die Hälfte vom Buffet ist bereits abgetragen, der Rest wird dann demonstrativ weiter abgeräumt. Richtig ungemütlich wird es, wenn man aus Versehen eine Frage zu viel stellt oder eine Beilage ändern will. Da kann es passieren, dass Meike die Augen verdreht und »Ja, geht's noch!« stöhnt. Resi im →Landgasthaus zischt einen an: »Ich hab' auch nur zwei Hände!« Obwohl man noch gar nichts bestellt hat.
Kellner in Bistroschürzen paradieren durchs Lokal in einer Angriffshaltung, die man von Kampfsportarten kennt, tragen ihre ausgedellten Brustmuskeln spazieren, gockeln mit hocherhobenem Haupt herum, während sie einen fortwährend ignorieren. Wenn man sich dann lauter bemerkbar macht, blaffen sie zurück: »Ja, ja, ja, ich komme ja schon. Immer mit der Ruhe, ja?!« Am Ende geschieht das Unfassbare: Um in halbwegs erträglicher Atmosphäre trinken oder speisen zu dürfen, bedankt sich der eingeschüchterte Gast beim Service, wenn das Essen oder Getränk kommt, und entschuldigt sich am Ende noch, dass er so viele Umstände macht. A propos Umstände: Auf Beschwerden wird meist uneinsichtig reagiert (»Der Wein schmeckt nach Kork.« Antwort: »Das kann nicht sein.« Oder: »Bisher hat er hier allen geschmeckt.«), gerne auch beleidigt bis aggressiv. Und

wenn man doch Gehör findet, gibt es selten ein Bemühen, den Schaden wiedergutzumachen. Die höchste Form der Kulanz geht so: »Ich werde das so in die Küche weitergeben.« Oder: »Na ja, vielleicht können wir Sie ja beim nächsten Mal zufriedenstellen.« Das nächste Mal? (→Landgasthof)

Kinder-Behelmung

Deutsche sind ängstlich. Um die Angst zu bekämpfen, streben sie nach erhöhter Sicherheit. Deshalb wundert es nicht, dass in keinem Land der Welt die Behelmung des Kleinkindes so fortgeschritten ist wie in Deutschland. Heute wird bereits ein zweijähriges Kleinkind von seinen – natürlich ebenfalls helmtragenden – Erziehungsberechtigten behelmt, wenn es die ersten Fortbewegungsversuche auf dem Dreirad unternimmt. Vielen Müttern wäre es nicht unrecht, wenn die Kinder auch zu Fuß den Sturzhelm trügen – etwa wenn sie vom Kinderzimmer zum Pipimachen rüber auf die Toilette gehen. Wer weiß, was unterwegs alles passieren kann – in diesen unsicheren Zeiten. (→Fahrradanhänger für Kinder)

Kinder-Spielplatz

Wer Feinde sucht, betrete einen Spielplatz. Am besten einen in München-Schwabing. Ein Vater und ein Sohn im Sandkasten. Backe, backe Kuchen. Es nähert sich ein anderes, schon etwas älteres Kind namens Maxim (5) und entwendet ein Förmchen. »Wenn Du magst, kannst Du mitspielen, aber könntest Du das bitte hier lassen!«, sagt der Vater ruhig und pädagogisch wertvoll. Maxim reagiert aber nicht. Sein eigener Sohn blickt bedröppelt drein, Maxim zieht triumphierend ab. Der gütige Vater wiederholt nachdrücklicher. Doch da! Oh weh! Maxim kommt zurück und schleudert ihm plötzlich eine Schaufel Sand ins Gesicht. Der Vater ist jetzt etwas gereizt, blickt hilfesuchend in Richtung von Maxims Mama, die er auf einer Bank sitzend wähnt. »Du gibst uns jetzt sofort das Förmchen wieder!«, sagt er bestimmt. Als er sich kurz seinem Sohn zuwendet, um ihm zu sagen, dass er das Förmchen gleich wiederhaben würde, und er sich wieder zu Maxim dreht, hat er gleich wieder eine Ladung Ungesiebtes im Gesicht. Der Vater springt auf und packt Maxim am Kragen. »Hör mal zu, Freundchen, wenn Du das noch einmal machst, dann kleb' ich Dir eine!« – und stößt ihn weg. Maxim plärrt sofort los, ihm wird das Förmchen entwendet. Der Vater wischt sich den Sand aus den Augen – wissend, dass er zu weit gegangen ist. »Lassen Sie sofort meinen Sohn in Ruhe!« Maxims Mama, die sich bislang hinter einer *Süddeutschen Zeitung* versteckt gehalten hat, geht nun auf den armen Vater los. Es gibt ein hitziges Zwiegespräch, der Vater ist danach psychisch und physisch erledigt. Sein Sohn auch. »Komm, wir gehen«, sagt er nur noch mit schwacher Stimme, räumt kampflos das Feld und hört noch, wie die Mutter Maxim tröstet und ihm lautstark erklärt, er habe alles richtig gemacht, der Mann sei halt ein absoluter Chauvi.

Aber kann sich eine solche Szene nicht auch außerhalb Deutschlands abspielen? Theoretisch ja, praktisch eher nicht. Der Unterschied ist: Deutsche neo- beziehungsweise pseudoliberale Erziehungsberechtigte verteidigen auch noch das größte Rotzlöffel-Verhalten ihrer Bälger in der Öffentlichkeit. Außerdem sind sie zu allem Übel auch noch besser geschult, was die psychologische

Kriegsführung im Kampfeinsatz angeht. Auch im Sandkasten. Die hohe Aggressivität im Erstschlagsverhalten rührt von der tiefen Überzeugung, dass die Persönlichkeitsentfaltung des Kindes weit über allen anderen Erziehungszielen rangiert und unter allen Umständen bis zur letzten Patrone verteidigt werden muss. So sehr gar, dass auch noch die gröbste Ungezogenheit großzügig übersehen, ja verziehen und sogar gutgeheißen wird. Denn dreiste Rücksichtslosigkeiten ihrer Abkömmlinge erscheinen solchen Eltern als wahre Tugend – schließlich regt sich hier ja kräftig und entschlossen das zarte Ich. Und das will man fördern. Am Ende führt das Laissez-faire in der Buddelkiste – genau wie der Wirtschaftsliberalismus – nicht zu einer humanen Welt, sondern pfeilgerade in die Ellenbogengesellschaft. Bezeichnenderweise wird natürlich mit ganz anderem Maß gemessen, geht es um die Behandlung von Regelverstößen außerhalb der öffentlichen Kampfzone durch Maxim. Bei der Sand-Attacke gegen die eigene Mutter ist augenblicklich Schluss mit Ich-Entfaltung. Zwar werden nun Sätze bemüht wie »Maxim, wir haben doch etwas ausgemacht!« oder »Nicht in diesem Ton mit mir!« – Sätze, die ruhig alle Umstehenden mitkriegen sollen; doch der bedrohliche Unterton in der Stimme verrät, dass nun keinerlei Widerspruch mehr geduldet wird. Warum also nicht gleich so?

Komik auf kopierten Zetteln am Arbeitsplatz

Der deutsche Arbeitnehmer ist stolz darauf, dass er sich vom Arbeitsalltag nicht die Laune vermiesen lässt. So schnell verliert er seinen Sinn für Humor nicht. Obwohl er doch allen Grund dazu hätte! Deswegen prangt hinter Kollege Müllers Schreibtisch auch noch die Kopie eines zig-fach kopierten Zettels, auf dem geschrieben steht: »Wir, die Willigen, von den Unwissenden geführt, tun das Unmögliche für die Undankbaren. Wir haben so lange so viel mit so wenig getan, dass wir inzwischen in der Lage sind, mit nichts alles zu tun.« Köstlich. Daneben klebt die ähnlich oft reproduzierte Kopie der Zeichnung eines Heiligen, darunter in Druckbuchstaben: »Als Petrus die Gehälter der Mitarbeiter dieses Büros sah, drehte er sich um und weinte bitterlich.« Und noch zwei Klassiker: »Unmögliches wird sofort erledigt, Hexereien dauern etwas länger.« Daneben: »Kündigung zwecklos! Sklaven müssen verkauft werden!« Maier wiederum schmückt seinen Arbeitsplatz mit zwei Schneekugeln, einem Foto seiner »Holden« hinter Plexiglas und dem Spruch an der Wand: »Schlimm, wenn am Ende des Geldes noch so viel Monat übrig ist.« Darunter steht auf einem anderen Pamphlet in Großbuchstaben: »Sprechen Sie mich sachlich und mit leiser Stimme an, bei Personen meiner Altersgruppe löst zu lautes Sprechen erhöhten Blutdruck, Pulsbeschleunigung und Schweißausbrüche aus, die zum plötzlichen Tod führen können.« Und dann noch: »Wir lassen uns nicht hetzen. Wir sind bei der Arbeit und nicht auf der Flucht!« Woher kommt das nur? Der deutsche Arbeitnehmer arbeitet gut und viel, aber seine Einstellung zur eigenen Arbeit verrät etwas immerzu Beamtenhaftes – auch, wenn es sich nicht um eine Tätigkeit im öffentlichen Dienst handelt. Deutschen Arbeitnehmern kommt ihr Job immerzu wie die schlimmste Höllenqual, wie nicht enden wollendes Galeerenrudern vor. Dass Arbeit uns erfüllt, dieses Gefühl kennen wir kaum und lassen es auch nur ungern zu. Aus diesem Verständnis resultiert auch die Überbetonung des →Feierabends, der wie eine Art Folterstopp oder eine Haftentlassung gefeiert wird. Jetzt sollen wir ja bekanntlich sogar noch bis 67 arbeiten – die größte Unverschämtheit. Aber Gott sei Dank verlieren wir dabei unseren Humor nicht. Wir ewigen Scherzkekse.

Knirps

Das ist der unheimlich praktische Regenschirm, der überall mitgeht. Outdoor-Equipment hauptsächlich für deutsche Frauen mit →Kurzhaarfrisur jenseits des Klimakteriums. Wird panikartig schon bei Einsetzen des leichtesten Sommerschauers entfaltet – etwa im »ZDF-Fernsehgarten«, oder wenn es zu Fuß vom Busparkplatz zum Musical »Cats« im Stuttgarter SI-Centrum geht.

Kopfhaar, gegeltes

Dreimal männliche Kundenberatung im T-Punkt. Dreimal dunkelblaue Dienstkleidung. Dreimal schlechte Laune. Dreimal unheimlich viel Haargel. Das Team erinnert an drei Rauhaardackel-Brüder, die gerade aus dem Wasser gekommen sind und sich den Pelz geschüttelt haben. Derartige Wetlook-Szenarien könnten so auch bei der →Deutschen Bahn AG vorfallen. Wahrscheinlich ist es die vom modernen Individuum als Demütigung empfundene Unterwerfung der eigenen Individualität unter eine berufliche Rolle und gar das ungeliebte Tragen einer Dienstuniform, die nach Entlastung und Ausgleich lechzen: Diese müssen dann notgedrungen an den noch verbliebenen freien Körperflächen vorgenommen werden, also an Haar, Ohrläppchen, Gesicht. Tatsächlich sind dies die letzten Orte des Systemprotests – bei Beamten oder Beamtenähnlichen. Gerade Zugbegleiter der DB zieren häufig einseitig getragene Ohrringe. Wahrscheinlich deswegen. Scheiß-Individualität. Scheiß-Selbstverwirklichung. Hoch lebe die ungebrochene Identifikation mit dem Beruf.

Kreativ sein

Das Schlimmste, was heute einem Deutschen passieren kann, ist, dass ihn ein anderer langweilig findet. (→Deutsche Langeweile) Früher war uns das egal. Die Deutschen der alten Zeit waren sittsam, bescheiden und rein. Sie ernährten sich von Met, Erdwurzeln und anderem, was ihre Hände ernteten. Ab und an mal ein Witzchen – aber ansonsten sprudelte es nicht sonderlich. Alle Jahre wieder hörten sie von jemandem, der atemberaubende Musik machte oder wunderschöne Gedichte schrieb oder gewaltige Gemälde schuf, und den alle »Genie« nannten. So sie dies vernahmen, blickten sie staunend auf und nickten einander zu. Schon bald aber vergaßen sie alles und wandten sich wieder ihrem Tagwerk zu, das zu verrichten der Herr sie geheißen. Das ist anders geworden.

Im Gefolge des Sputnik-Schocks von 1957 in den USA erstmals vermehrt auftretend, im deutschen Sprachraum mit einiger Verspätung Anfang der Sechzigerjahre und endgültig 1968 durch Gisela Ulmanns Buch »Kreativität – Neue amerikanische Ansätze zur Erweiterung des Intelligenzkonzepts« Einzug haltend, hat die Kreativität uns Deutsche längst im Griff. Heute will jede und jeder (unheimlich) kreativ sein – koste es, was es wolle. Als akademische Disziplin gibt es die Kreativitätsforschung, als touristische den Kreativurlaub, als kulinarische die kreative Küche. Früher lernten wir in der →Tanzstunde Foxtrott, heute ist nur noch kreativer Tanz. In München steht das *Creatif-Hotel Elephant*, im Theater am Gärtnerplatz wird das Stück »creative house« gegeben. Seit Anfang der Neunzigerjahre die Innovationskrise samt Globalisierungswahn in Europa umzugehen begannen, hat auch die Wirtschaft den Begriff für sich entdeckt. In Werbekreisen ist der »Kreativspinner« als Berufsbild geläufig. Die Unternehmensberaterin Gertrud Höhler forderte schon vor Jahren lautstark den »kreativen Feuerkopf« als Krisenmanager, jede Imbissbude hat heute ein »Kreativteam«. Der Durchschnittsmensch hat die Entdeckung seiner eigenen Kreativität den Demokratisierungswellen zu verdanken, die seit 1968 vehement durch bundesdeutsche Klassenzimmer und Hörsäle brandeten und den Geniegedanken zum Persönlichkeitsmodell für jedermann deklarierten (→Barfuß Tanzen auf Partys). Das Genie des deutschen Idealismus wurde in die Wüste geschickt, der Begriff popularisiert und vulgarisiert. Was schließlich blieb, war die kreative Masse. Wohl dem, der noch dazu steht, ein echter Spießer zu sein. (→Hochdruckreinigen)

Kreisverkehr

Seit ein paar Jahren beobachtet man hierzulande ein verstärktes Aufkommen von Kreisverkehren. Das haben wir den Engländern und Franzosen nachgemacht. Aber natürlich übertreiben wir es wieder einmal. Bei den Nachbarn gibt es Kreisverkehre, damit man nicht mehr sorglos mit 70 km/h in die Wohngebiete reinbrettert. Bei uns ist das Anlegen von Kreisverkehren zum Volkssport der Planer geworden. Klar: Sie ersparen teure Ampelanlagen, und man kann in der Mitte Pflanzen, Flaggen oder moderne Kunst hinstellen, für die es sonst keine Verwendung hätte. Außerdem lieben Deutsche eng gesteckte Parcours und alle Arten von Hindernislauf. Da muss man es eben verschmerzen, wenn man für die Fahrt zu Tante Annemarie über die Bundesstraße neuerdings doppelt so lange braucht wie früher, weil es 17 Kreisverkehre zu absolvieren gilt und sich der Jüngste wegen der ewigen Kurven hin und wieder übergibt. Kreisverkehre sind Erfolgsmodelle in jeder Hinsicht. Gerüchten zufolge macht man sich im Verkehrsministerium schon Gedanken darüber, ob man an weniger ausgelasteten Stellen nicht auch welche einrichten soll, die man erst wieder verlassen darf, nachdem man drei Runden gedreht hat. Dagegen hat aber der Bundesverband deutscher Schausteller und Karussellbetreiber bereits sein Veto angekündigt. Mal sehen, wie Karlsruhe entscheidet. (→ADAC-Verkehrsübungsplatz)

Kühlschrank-Orgien

Es ist so ähnlich wie mit dem Bücherregal: Sage mir, was in Deinem Kühlschrank steht, und ich sage Dir, wer Du bist. Die Innenräume deutscher Kühlschränke bieten die Möglichkeit, uns ohne Umschweife mitten in die Psyche der Deutschen zu versetzen, ohne dass wir eine ganze Nacht lang durchdiskutieren müssten, was nun deutsche Sitte, was Unsitte sei. Na, dann wollen wir doch mal: Die Tür zu einem gut deutsch sortierten Kühlschrank ist geöffnet, das Glühlämpchen taucht den Inhalt in kaltes Licht, und schon nimmt die Nase den typisch deutschen Kühlschrankeigengeruch auf. Eine ganz individuell durchkomponierte urdeutsche Geruchsmischung macht sich bemerkbar: Frischer und nicht mehr ganz so frischer →Aufschnitt vermengt sich mit vergärenden Molkereiprodukten in unterschiedlichen Stadien ihrer organischen Reifung beziehungsweise ihres bakteriologischen Verfalls, kalte Bratensoßen mischen sich hinzu, Gemüsesentenzen. Weiterschnuppernd entdeckt man zuverlässig, was das Schatzkästchen birgt. Mal sehen, was hinter dem angebrochenen Töpfchen »Aachener Pflümli« zum Vorschein kommt: »Lysell Zwiebelfisch« – was mag wohl in dieser Konserve sein? Oder hier: »Russisch Ei«, gar eine ganze Teller-Sülze, Schwartenmagen, Eisbein in Aspik – es gibt hier offenbar ganz einzigartige Genüsse. Schließlich »Dill-Happen«, ja sogar »Schwedenhappen« sind vorrätig. »Matjesfilets in Senfsauce« – darunter steht aller Wahrscheinlichkeit nach ebenfalls »ganze Happen«, und gerade diese Beiworte wecken höchstes Verlangen. Denn schon rattert unweigerlich unsere kulinarische Assoziationsmaschine. »Ganze Happen« heißt: keine »halben Sachen«, weshalb wir sie zur optimalen Sättigung in die nähere, wenn nicht nächste Auswahl ziehen. Leuchtender »Lachsersatz« in der Färbung des holländischen Fußball-Nationaltrikots – auch so etwas, das uns das Wasser im Munde zusammenlaufen lässt. Der ist von derselben Firma und ebenfalls in ganzen Happen zu haben. Ja, der Happen, er ist ein willkommenes Schnäppchen und mehr als nur ein »Häppchen«, und wir sehen uns schon bald nach der Lektüre des Etiketts der Heringsfilets wie ein Seelöwe begehrlich nach dem Happen schnappen, um ihn sodann mit einem »Haps« zu schlucken. Gerade im »Haps«-Moment kommt das Wesenhafte des Happens zum Ausdruck, nämlich seine materielle Unteilbarkeit, somit auch die Unteilbarkeit seines Genusses. Hier ist der Happen schon dem Ballen ähnlich, mehr noch dem süddeutschen »Bollen«. Da schnappt der Deutsche begierig zu.

Mmmh, und was ist das? Schmelzkäse-Ecken, super →lecker und hier: ja, sogar über ockergelb-orange Scheibletten verfügt diese wohlsortierte Zauberkiste. Wir entdecken bald auch mit wässriger Zunge eine Rügenwälder Teewurst im Plastikdarm. Fein. (→Kalbsleberwurst, streichzart, im Golddarm) Die Eigentümer sind mit Sicherheit auch im Besitz von Harzer Roller – wollen doch mal sehen, und, siehe da, nach ein wenig Stöbern machen wir das Prachtexemplar hinter einem großen Glas »Miracel Whip« aus. Wir ahnen jetzt auf einmal, hier könnte es auch jenen in 40-Gramm-Tütchen verpackten, unnachahmlich schmeckenden, geriebenen italienischen Hartkäse geben, zum Drüberstreuen über →Spaghetti Bolognese, das Gericht, zu dem wir früher mal »Pastaschuta« gesagt haben. In solchen Kühlschränken gibt es sicher auch Remoulade in Tuben, Sahnemeerrettich und »Heringsfilets in Tomatensauce« – die Begleiter vor allem vieler Studienbeginner, wenn sie am Monatsende wieder knietief im Dispo stecken, oder am Vorabend ganz einfach etwas zu viel getrunken haben und nun ausgezehrt nach Happen hecheln.

Übrigens, die chemischen Zusätze in diesen Nahrungsmitteln stören diejenigen nicht im Geringsten, die in der Welt ganzer Happen zu Hause sind. Ein solches Kühlschranksortiment kündet noch von einem unverkrampften vor-ökologischen Verhältnis zu allerlei chemischen Konservierungs- und Geschmacksstoffen. Die haben schon ihren Sinn, glaubt felsenfest, wer seinen Kühlschrank so bestückt hat: Je mehr »E« drin ist, je mehr Antioxidationsstoffe und Konservierungszusätze, desto seltener stellen sich bösartige Krankheiten ein. Die Chemie muss stimmen, auch im Schwedenhappen. Was ein pralles Leben!

Kulturbeutel

Drinnen riecht es noch nach 1970, Hattric-Aftershave und Radikalenerlass. Der Begriff »Kulturbeutel« stammt aus der alten Bundesrepublik und ihren zaghaften Versuchen, nach den Jahren des Wiederaufbaus der über Jahrzehnten brach liegenden männlichen Körperpflege wieder zu ihrem Recht und zu einem eigenen Gefäß zu verhelfen. Seither waschen sich deutsche Männer nicht mehr mit Sand, sondern wieder mit Seife. Sie haben einen Nagelabknipser im Kulturbeutel, Rasierzeug, eine kreisrunde Plastikhaarbürste, ein Fläschchen Goldgeist, ein Bac-Deodorant, eine LUX-Seife in einer cremefarbenen Schale, eine Tube Hämorrhoiden-Salbe, Hühneraugenpflaster, einen Underberg, zwei Werthers Echte, Kleingeld für Zigaretten und in der leicht ausgerissenen Seitentasche noch ein Kondom mit abgelaufenem Haltbarkeitsdatum. Der Kulturbeutel ist bis heute ein deutsches Accessoire: Der Weg zur Camping-Dusche oder in die Umkleidekabine des Sportheims – ohne Kulturbeutel ist er nicht vorstellbar. Deutsche Kulturbeutel-Vorreiter (Danke!) sind Günther Pfitzmann, Jupp Derwall und Hans-Dietrich Genscher. Auf jeden Fall vom Typ her auch der deutsche Fernseh-Unterhalter Frank Elstner und, auch möglich, CDU-Innenexperte Wolfgang Bosbach. Und ganz sicher auch Ost-Star Gunther

Emmerlich. Bei dem sind auch noch ein paar Pullmoll-Pastillen im Sortiment. Die posthygienische Fortsetzung des Kulturbeutels ist das Männer-Ledertäschchen mit Handschlaufe. Was sich darin befindet, ist noch weitgehend unerforscht: wahrscheinlich Ersatzwäsche für den Fall der Fälle. Oder Gummihandschuhe. Oder Crack.

Kulturkritik

Wie die deutsche →Bildung will auch die deutsche Art des öffentlichen Kritisierens zuallererst dem restlichen Betrieb imponieren, zweieinhalb Seiten lang mindestens, bevor es dann kurz um die Würdigung eines Werks oder einer Darbietung geht. Ihr hervorstechendes Merkmal ist: Sie will nicht beschreiben, einordnen, wertschätzen – der Kritiker in unserem Gemeinwesen fühlt sich von fremden geistigen Werken vielmehr persönlich herausgefordert, *sich selbst* damit *zu messen*. Kein Wunder, dass es kaum einen aufgeregteren Tummelplatz verletzender und verletzter deutscher Eitelkeit gibt als die Literatur, die Geisteswissenschaft und vor allem: das deutsche Feuilleton. Der Stolz eines deutschen Ordinarius oder eines Literaturkritikers braust um vieles stärker auf als der eines erzürnten Apachenhäuptlings – etwa, wenn ihm ein Kollege publizistisch in die Parade fährt oder sich weigert, sich vor seinem Geßler-Hut zu verneigen. Kritik ist in diesem Land kein Er- und Abwägen, das einen Text verstehen und ihm gerecht werden will, sondern sehr oft Ersatzbefriedigung einer beleidigten Selbstherrlichkeit, die sich nicht ausleben kann. Bücher, Artikel und Essays waren und sind immer auch Potenzmittel deutscher Inferiorität und als solche historische Zeugnisse der krampfhaften geistigen Sublimierung eines bürgerlichen Herrschaftsanspruches, der hier so viel länger ausgebremst wurde als anderswo. Man kann auch sagen: Schon beim Thema »In meiner Badewanne bin ich Kapitän« ist beim Gros der deutschen Kritiker individualpsychologisch mehr schiefgelaufen als in anderen Kulturen, in denen es noch ein paar andere Motive mehr zur Wahl dieses Berufs geben dürfte, und wo er auch bei weitem nicht so unversöhnlich, besserwisserisch und rechthaberisch ausgeübt wird wie von deutschen Schreibtischen aus. Es gibt kein englisches oder französisches Pendant zum Phänomen eines öffentlichen deutschen »Verrisses«.

Nirgends wird genüsslicher und bösartiger missverstanden, nirgends wird das gebildete Wort als Waffe nicht für Wahrheit und Gerechtigkeit *in der Sache* geschwungen, sondern nur zur eigenen Genugtuung. Das (höchst kritische) Lob, das es nur selten gibt, gleich wie der kritische Tadel, der unermüdlich abgefeuert wird – sie haben oft nur eine Prestige-Funktion für das Kritiker-Ego selbst. Dafür zieht man in jede Schlammschlacht. Die deutsche Unsitte ist es, dass die Urteilskraft der Deutschen so oft als Statusenergie verpufft, dass sie unter dem unaufhörlichen Druck, die Überlegenheit ihrer Vertreter demonstrieren zu müssen, nur zu oft ihr eigentliches Ziel vollkommen aus den Augen verliert.

Wie befangen und abhängig dabei der angeblich so freie Geist des Kritikers ist, zeigt sich immer wieder darin, dass die vermeintlichen Freigeister nur bei Gelegenheit ihren wahren Gedanken freien Lauf lassen. Genauso oft machen sie in fast schon unanständiger Unterwürfigkeit den Kotau vor ihren eigenen Göttern und Autoritäten, denen sie einst die Treue geschworen. Dann schlägt man das ach so kritische Berufsethos einfach in den Wind und erweist sich plötzlich als wahrer Meister des Hudelns, Beweihräucherns und vor allem darin, allen, die derselben geistigen Seilschaft angehören, mit gezücktem Kritiker-Schwert zur Seite zu springen, auch wenn man alles andere als überzeugt vom Wert ihrer geistigen Produkte ist. Und noch eine Regelhaftigkeit der geistigen Korruption lässt sich bei uns studieren: Je renommierter einer ist, dessen neues Werk es zu kritisieren gilt, je größer seine Lobby, umso mehr schwindet des Kritikers Mut, Klartext zu reden. Der herrschaftsfreie Diskurs als Errungenschaft der Aufklärung? Zumindest hierzulande nicht mehr als ein Treppenwitz der Geistesgeschichte. (→Tabu)

Kurzhaarfrisuren in Klimakteriums-Aubergine

In einer gewissen Lebensphase werden Deutsche beiderlei Geschlechts nicht in das Alter, sondern in einen eigenartigen Zustand der Alterslosigkeit entlassen. Man sieht deutsche Rentner dann meistens in Horden von etwa 60 Teilnehmern auflaufen – so viele passen nämlich in einen Reisebus. (Rotten sich ältere Damen zu diesem Zweck zusammen, nennt man das gemeinerweise ein Krampfader-Geschwader.) Diese Frauen heißen Edith, Rita, Renate oder Herta, sie gehen gerne mit zwei High-Tech-Stöcken bewaffnet wandern, machen Tagesausflüge in den →Europa-Park Rust oder tauchen unverhofft im »ZDF-Fernsehgarten« auf, wo sie im Studiopublikum sitzen und bei Bernhard Brink mitklatschen. Gekleidet sind sie in flieder- oder schlammfarbene Popeline-, manchmal auch Kunstglattleder-

Langjacken von C & A, die aber auch schimmel-pastellgrün oder beige gehalten sein können. Dazu tragen sie Jeans im Karottenschnitt und leicht erhöhte Mephistoschuhe mit durchgehendem Absatz. Im SETRA-Bus (Firma Echle-Reisen) riecht es nach 4711. Diese Damen führen stets einen →Knirps mit, damit sie bei einsetzenden Niederschlägen ihren nach hinten gefönten Kurzhaarschnitt im sogenannten Klimakteriums-Bordeaux oder -Aubergine sofort schützen können und mit intaktem Haarwerk der Dinge harren, die da weiter bevorstehen. Warum nur wollen sie nicht in Würde altern?

Küsschen zur Begrüßung

Der Kuss, zumal der öffentliche, geht dem Deutschen nicht leicht von den Lippen. Er tut sich schwer im Grußmoment. Stammtischbrüder lassen die Fingerknöchel auf die Platte sausen, klopfen zweimal ab und sind froh, dass keiner mehr erwartet. Der warme Händedruck, begleitet von einem »Grüß Gott!« oder »Guten Tag!« war einst der Gipfel deutscher Herzlichkeit – im Moment des Wiedersehens mit den Freunden und Bekannten. Wenn Opa Walter zu seinem Enkel auf Besuch kam, gab er ihm die Hand. »Du bist aber gewachsen!« Der Händedruck war gute deutsche Sitte, und es gehörte zum guten Ton, sich dabei in die Augen zu sehen. Ganz so, wie wenn sich Deutsche zuprosten: »He! Man schaut sich in die Augen!« – »Ja, ja, ist ja schon recht.«

Die Erklärung dafür liegt auf der Hand. Den Deutschen ging es im Gruß noch nie so sehr um die Bekundung eines hohen Gefühls der Wiedersehensfreude, sondern zuerst darum, die Redlichkeit und Integrität des Gegenübers zu checken und sich ihrer zu versichern. »Ist meine Brieftasche in Anwesenheit dieses Menschen sicher?« Dieses Problem vorab zu lösen, scheint dem deutschen Gruß sein unverwechselbares Gepräge zu geben. Irgendwann schämten sich die Deutschen aber dafür. Plötzlich hassten sie das Steife und Spröde an sich und wollten auch ein bisschen locker sein. »Hi!«, sagten schüchterne deutsche Teenies auf einmal und wurden rot. »Und? Alles klar?« ist ebenfalls zu einer Grußalternative geworden, auf die Deutsche gerne zurückgreifen. Oder eben Hallo. »Hallo!«, flüstern wir heute alle – übrigens auf der zweiten Silbe betont: ein Schwundgruß am Rande der Gleichgültigkeit. Aber damit nicht genug: Noch lieber busserln wir zur Begrüßung.

Doch ach: das Plumpe, Unbeholfene, Peinliche, es will sich nicht verziehen. Kein Wunder – der Deutsche hat nun mal aus bestimmten historisch-psychologischen Gründen mit der Gratwanderung zwischen Distanz und Nähe seine liebe Not. Außerdem neigt er aus demselben Grund, seiner inneren Verschlossenheit, vor allem in unausweichlichen Herzensmomenten zur ungewohnten Drastik. Und am Ende kommt heraus, was herauskommen muss. Wir beobachten es überall, am ehesten in ambitionierten Straßencafés: Küsschen-Stress. Begrüßungsküsser beiderlei Geschlechts erkennt man daran, dass sie mit ganztägig ins Haar zurückgeschobener Edel-Sonnenbrille rumlaufen, auch »Wiesbadener Haarspange« genannt. Aber trotz allem Chichi – vor allem der deutsche Mann zeigt sich oft genug noch überfordert, wenn es zum Grußmoment kommt. Anstatt seine Küsschen – zweifach, dreifach oder gar vierfach (schon bei der richtigen Anzahl geht der Krampf los!) – ganz beiläufig zu platzieren, küsst der deutsche Mann Freundinnen oder Bekannte zur Begrüßung in der Regel in höchster Anspannung und mit konzentriertem Blick, etwa so, wie wenn er beim Billard die schwarze Kugel in den Blick nimmt, um sie sogleich zum Spielgewinn zu versenken. Auch scheint es, als freuten sich deutsche Begrüßungsküsser gelegentlich schon zwanzig Minuten vorher auf den Moment, wenn sie nun endlich ran dürfen und den Backenkuss der Freundin auf die Wange drücken – wie einst John Wayne das Brandzeichen auf die Hinterbacken seiner Stute. Deutsche *bises* sind halt wie alles, was wir machen: keine halben Sachen. Und so werden sie auch nicht, wie man es bei den Franzosen tut, am Zielobjekt vorbei – wie ein Vögelchen, das entschwebt – andeutend-hauchend in die Luft entsandt, sodass sich die Wangen allenfalls flüchtig berühren. Nein, der Deutsche peilt gern den vollen Lippenkontakt an und lässt es sich nur ungern nehmen, direkt auf die dargebotene Wange zu küssen. Die deutsche Art des Begrüßungskusses ist am Ende dem Bruderkuss unter sowjetischen Politbüro-Mitgliedern weitaus verwandter als jener französisch-federleichten Flattrigkeit, die er eigentlich imitieren will. (Wir erinnern uns mit Gänsehautgefühl an den Zungenkuss zwischen Honecker und Breschnew.) Es bleibt dabei: Die Leichtigkeit bekommt dem Deutschen nicht recht, auch wenn er sie sich selbst verordnet hat. Im Grunde seines Herzens hätte er gar nichts dagegen, steif bleiben zu dürfen, statt busserln zu müssen.

L

Landgasthof

Zehen in hautfarbenen Feinstrumpfhosen, spiegelbildlich links wie rechts fürbaß getragen, im hurtigen Vivace, das der Takt von Durst, Hunger und wieder Durst dem Schankbetrieb vorgibt – das ist der deutsche Landgasthof. Mehr gibt der Blick aufs Personal zunächst nicht frei – aber das reicht eigentlich auch schon. Es würde zu viel Kraft kosten, sich aus der liegenden Haltung von der Eckbank zu erheben, um den Rest der Chefin im Phantasie-Dirndl zu erkennen, und es lohnt auch nicht. Darum belässt man es besser beim schläfrigen Blick unter dem Tisch hindurch, auf Wadenhöhe, und beobachtet von dort aus das Treiben. »Drei Pils: neun dreißig!« hört man sie mit fester Stimme sprechen. Die Schrittgeschwindigkeit von links nach rechts und von rechts nach links, vorbei am Tisch, zeugt von robustem Naturell, die Wadenstärke sowieso, und außerdem sind die Füße von Frau Broghammer durch ein orthopädisches Fußbett weich gepolstert und dermaßen in schafthohe, luftig-lockere Glattleder-Sandaletten mit Gelenkstütze, Spreizfuß-Pelotte und Kugelferse gebettet, dass alles optimal abgefedert sein müsste. Die Zehen, die vorne herausschauen, sind sanft umspannt von hautfarbenen Nylon-Kniestrümpfen, am vordersten Punkt der großen Zehe sowie hinten an der Verse gerne etwas abgeschabt – von innen durch das kräftige Nagelhorn, von außen durch die Reibung des Schaftleders jenes aus dem Berufskleidungssortiment eines Hauses für »Bedienungs- und Kellnerberufe« erwählten Schuhwerks, das die Dame der Gastronomie generell zu kleiden pflegt. Sie, die schon so lange auf- und abtrippelt, mal stehenbleibt, zwei Männerfüße begrüßt, auf dem Absatz kehrtmacht, an der Durchreiche zur Küche neue Speisen und Getränke aufnimmt, abermals kehrtmacht, zu anderen Tischen läuft, Bestellungen aufnimmt, sich dabei mal mehr auf die malträtierten Hammerzehen stützt, mal zurückwiegt und das Körpergewicht auf die Fersen verlagert, aufstampft, abgeht, paradiert, wieder und wieder, bei schwerer Ladung etwas stärker über den Holzboden schlurft, bei leichter Ladung oder leerem Bedienungstablett fast schon tänzelt.

Junge, an sich adrette Mädchen sind dazu angehalten, es Frau Wirtin nachzutun. Sie stehen kurz nach dem bestandenen Führerschein und werden hier bestraft, indem man sie zur Ausübung ihrer psychologisch eh schon höchst delikaten Gastronomieausbildung (»Xenia. Ich lerne noch.«) in grausamst geschnittene sackartige Dirndlkutten steckt und dazu in die besagten Bedien-Bequemlatschen. Und dann wundert man sich, wenn man sie auf ihren Zimmern beim Haschrauchen erwischt, oder die Heckscheiben ihrer gebrauchten VW Golf III draußen auf dem Parkplatz ganz unorthopädisch die scheibenausfüllenden Aufkleber »Böhse Onkelz« tragen. Auch das tief ausgeschnittene Dekolleté ihrer Berufskleidung trägt nicht unbedingt dazu bei, dass Xenia ihren Beruf lieben lernt – auch nicht, nachdem der Chef ihr den Schmarrn erzählt hat, dass derart entblößte Oberweiten bei jungen Landfrauen früher mal völlig normal gewesen seien.

Ja, ja, auf der Alm, da gibt's ka Sünd'. Und doch ist der deutsche Landgasthof, egal ob im Schwarzwald, in Bayern oder sonstwo in deutschen Mittelgebirgen, ein synthetischer Graus. In seinen Räumen wird einmal mehr im Namen des Volksechten, Unverfälschten, Originalen angetreten – und fast immer kommt dabei eine äußerst verlogene Mischung aus Heimatmuseum, Hänsel und Gretel und Colonia Dignidad heraus. An den Wänden Männchen aus Salzteig, Strohblumen, Naturmotive: Hauptsache mit altem Krimskrams zugemüllt, das steigert den Wärmeeffekt. Und so viel Holz wie möglich. Aus den Lautsprechern kommen interessanterweise fast nie, wie man vermuten würde, die Oberkrainer oder Hansi Hinterseer, sondern eher die Gipsy Kings und Tom Jones. Dafür wimmelt es auf der Speisekarte garantiert von Diminutiven: Süpple, Salätle, Sößle, Schnitzele, Spätzle, aus dem Pfännle, Töpfle, Schnäpsle, Gläsle. Was sich im Hotelzimmer fortsetzen kann: »Fürs G'sichtle« oder »Fürs Ärschle« ist hier durchaus mal auf den Handtüchern eingestickt. Inklusive →Anführungszeichen. Der Gast wird zum Kind, Frau Wirtin zur Mama. Aber was für eine! Man liebt es deftig, urig, rustikal. »Wenn's Arscherl brummt, ist's Herzl g'sund!« Und so erwartet er das auch, der Gast aus Düsseldorf-Hubbelrath mit dem FDP-Aufkleber auf seinem königsblauen Saab, der sich hier für das Drei-Tage-Verwöhnwochenende »Herbstlaubrascheln« eingemietet hat und am offenen Kamin gerade eine Cohiba in Brand steckt, bevor er sich über ein Exemplar von *Men's Health* hermacht. Tschüssle dann. (→Heimatabend im TV)

Latte macchiato

Es hat sich bei uns nicht viel gebessert mit dem Kaffee. Die Filterkaffee-Fraktion ist im Rückzug, aber dafür gibt es jetzt eine neue Form der Körperverletzung: Kaffee aus *Senseo* Pads. Noch immer durchzieht ein steiles Kaffee-Gefälle Europa: Man bemerkt es, wenn man zum Beispiel von Palermo nach Bremen fährt und alle zweihundert Kilometer eine Kaffeepause macht. Die Schweiz als Scharnier vermittelt zwischen einem würzigen Arabica des europäischen Südens und dem Verwöhnaroma gefilterten Brackwassers aus der Kaffeemaschine mit zwei Döschen Kaffeesahne im Frankfurter Hauptbahnhof oder gar in ausgesuchten Wellness-Oasen an der Nord- und Ostseeküste. Auch die Latte-Macchiato-Welle hat dem nicht abgeholfen, im Gegenteil: Hier regt sich neue Fragwürdigkeit. Statt Kaffee mit Milch gibt es jetzt heiße Milch mit einem Schuss Kaffee. Warum nur? Latte macchiato ist mächtig in und gehört daher eindeutig zu den Genussmitteln, die →lecker, wenn nicht gleich superlecker schmecken. Wird vorzugsweise unter Freundinnen getrunken, die ihren Samstagvormittag bei H&M verbracht haben und sich jetzt noch im Café darüber austauschen wollen, wie ihre Neuen im Bett sind. Zugespitzte Variante: Latte macchiato *to go*. (→Bananen-Weizen, Cola-Weizen, →Küsschen zur Begrüßung)

Laubbläser

Der deutsche Lebensraum ist voll motorisiert: vor allem die Küche und der Garten. Seit ein paar Jahren laufen Hausmeister und die Männer vom städtischen Garten- oder Grünflächenamt im Herbst nicht mehr mit Schaufel und Besen herum, um das Laub aufzunehmen, sondern mit einem Gerät, das an einen Flammenwerfer aus dem Zweiten Weltkrieg erinnert: einem Laubbläser. Schon morgens in aller Frühe springen sie in Rottenstärke von den Ladeflächen ihrer orangefarbenen Transporter und beginnen alsbald, wie von allen guten Geistern verlassen, mit ohrenbetäubendem Lärm das Laub über die Gehwege zu treiben. Wenn alle in drei Kilometer Umkreis wach sind, ist dann erst mal Frühstückspause.

Wer mit einem Kleinkind unterwegs ist, tut gut daran, es fester an die Hand zu nehmen – sonst könnte es sein, dass es mitsamt dem Laub an eine Hauswand gedrückt wird oder, wie einst der fliegende Robert, hinweggewirbelt in alle Winde. Auch hier ist die Beobachtung zutreffend, dass der Zweck nicht die Mittel heiligt – sondern eher andersherum: Es macht offenbar tierisch Spaß, einen solchen Heidenlärm zu veranstalten und die Mitmenschen zu quälen, denn dies geschieht ja, da im Dienst der Reinlichkeit (→Abwaschbarkeit), mit ausdrücklicher Genehmigung der Behörden. Das geht sonst nur an Silvester. Gib dem deutschen Mann einen lärmenden Apparat mit Motor – und er ist glücklich wie ein Kind. Sag ihm, dass das Bedienen dieses terroristischen Jungsspielzeugs seine »Arbeit« sei – und er wird freiwillig zur 60-Stunden-Woche zurückkehren. (→Militarisierung der Gartenwelt, →Hochdruckreinigen, →Akku-Schrauber)

Lecker

(auch: superlecker, total lecker, echt lecker, voll lecker)

Wenn Deutsche heutzutage der Ansicht sind, etwas schmecke außergewöhnlich gut, hören wir sie schwärmen: »Du, die Falaffel vom Libanesen an der Ecke, schmeckt *superlecker*!« Neulich sagte ein Bekannter zu mir: »Du, der Bio-Ketchup von Alnatura schmeckt *echt lecker*.« Und viel mehr noch ist *lecker*. »Du, die *Back Factory* hat *voll leckere* Croissants!« Um der allgemeinen Leckerschmeckerei auf die Spur zu kommen, lohnt es sich, einmal genau hinzusehen, was heute auf einmal alles *total lecker* schmeckt. Leckerschmeckers Basiswissen: Pommes sind *superlecker*. Dann aber auch Sushi. Oder Tomaten-Mozzarella-Salat. Oder →Latte macchiato. Oder Prosecco.

Dem Phänomen wirklich näher kommt man allerdings erst, wenn man einmal durchgeht, was auf gar keinen Fall unter die Kategorie *lecker* fällt. Lecker ist auf keinen Fall die traditionelle, nicht die etablierte Küche und auch nicht die *haute cuisine*. So können →Spaghetti Bolognese *superlecker* schmecken, hingegen eine Schlachtplatte schon weniger. Ein »Gaisburger Marsch« oder »Saure Kutteln« werden niemals total lecker schmecken *können*, und auch die *Foie gras de Canard* mit einem Süßwein wird man nur schwerlich als *voll lecker* bezeichnen dürfen.

Meistens sagen Menschen, die kleine Kinder haben, dass irgendetwas *superlecker* sei. Das Leckerste überhaupt ist wohl *Nutella*. Lecker ist, was kleckert und klebt. Gervais-Fruchtzwerge, Eiscreme von *Haagen Dasz* oder Donuts: das sind Leckerbissen. Oder eben Gummibärchen (→Haribo). Und natürlich alles, was mit Käse überbacken ist. Gemüseaufläufe zum Beispiel, mit Brokkoli. Leckerschmecker sind davon überzeugt, es sei absolut notwendig, für ihre Kinder andere Mahlzeiten zuzubereiten als für sich selbst. Die Kinder müssen dann Pommes mit Majo essen oder bekommen Fischstäbchen oder Kroketten – nicht weil sie das unbedingt haben wollen, sondern weil die Eltern sicher sind, dass das für Kinder *superlecker* sei. Manchmal gehen solche Familie auch zusammen aus und gönnen sich einen Restaurantbesuch. Man sieht sie dann gerne in gastronomische Betriebe strömen, vor deren Eingang auf einem Schild steht: »All you can eat 9,90 Euro!« In diesem Fall stimmt für den Leckerschmecker auch noch das →Preis-Leistungs-Verhältnis, womit man dann insgesamt auf der sicheren Seite wäre.

Das Lecker-Gebabbel ist ein Reflex auf die langweilige altdeutsche Küche (Königsberger Klopse), aber auch auf die Ernährungsdoktrin der oft so lustfeindlichen Öko-Küche. Wichtiger als gesund ist heute wieder, dass Essen Spaß macht. Das haben nun auch die Ökos begriffen. Darum hört man das Gelecker nun auch schon im Bioladen. Bioprodukte leiden ja oft unter dem – teilweise leider zutreffenden – Vorurteil, dass sie zwar gesund seien, aber nicht besonders gut schmeckten: Also kommt es darauf an, dass der Grünkern-Gemüsebratling auch *total lecker* schmeckt – und die Sache ist geritzt.

In der ganzen Leckerei kommt am Ende die regressive Geschmacksentwicklung der Deutschen zum Ausdruck – der Niedergang eigener kulinarischer Tradition bei gleichzeitigem Fehlen einer kulinarischen Erziehung. Gerade unter Deutschen ist seit zwanzig, dreißig Jahren zu beobachten, dass eine geschmackliche Sozialisation, also eine Schulung des Essgeschmacks von klein auf nicht mehr stattfindet und die Kinder stattdessen mit Leckerem zugestopft werden – Süßem und Fettem. Kein Wunder, dass im EU-Vergleich in Deutschland mittlerweile die meisten Übergewichtigen leben: Drei Viertel der Männer und über die Hälfte der Frauen wiegen zuviel.

Leckermäuler sind all jene deutschen Esser, die in der kulinarischen Pubertät steckengeblieben sind – nicht in der Lage, auch den hintergründigen, raffinierten Geschmack zu genießen, also im Grunde arme Schweine. Für sie alle hat sich sogar ein eigener Gastronomentyp herausentwickelt, der sie verwöhnt, wenn sie mal edellecker Essen gehen wollen: der Szene-Koch. Tim Mälzer, Jamie Oliver oder Ralf Zacherl (der genehmigt sich in der TV-Werbung – »Was Leckeres für zwischendurch!« – tatsächlich einen »Müller Milchreis«). Szene-Köche sind die, die sich auf die Zubereitung besonders *leckerer* Gerichte verstehen. Diese erkennt man daran, dass sie ausnahmslos auf viereckigen Tellern im Japan-Design kredenzt werden und durchweg mit Balsamico im Zickzack-Muster bespritzt sind. Zum Nachtisch gibt es Nutella-Parfait. Auch der unvermeidliche Johann Lafer samt Kollege Horst Lichter geht längst im ZDF mit »Lafer! Lichter! Lecker!« auf Sendung. Und es gibt »LECKER – das Foodmagazin für die Querküche« im Heinrich-Bauer-Verlag. Übrigens, schon mal aufgefallen? Leute, die »lecker« sagen, sagen auch »ups«, wenn was runterfällt. Und sie sagen nicht nur *superlecker*, sondern haben auch *superkuschelige* Sachen an und sitzen auf *superbequemen* Sofas, haben *superweiche* Bettwäsche und *superschöne* Vorhänge in ihrer Wohnung. (→Aldi, Lidl etc.)

Leserbriefe schreiben

Im Leserbrief tut der deutsche Staatsbürger kund, dass »die da oben« eigentlich keine Ahnung haben. Und dass das Volk am Ende sowieso immer draufzahlt. (→Abzocke) Lieblings-Schlusssätze von deutschen Leserbriefschreibern sind daher: »Und wer bezahlt am Ende die Rechnung? Der Steuerzahler!« Genau! Meistens sind die Zwischenrufe rein egoistisch motiviert, tun aber so, als wäre ihr Anliegen von allgemeinem Belang. Der Leserbriefschreiber bezeichnet sich gerne selbstmitleidig als der »kleine Mann«, der mal wieder der Gelackmeierte ist und gegen die »Herren Politiker« sowieso keine Chance habe, sich aber dennoch nicht »den Mund verbieten lasse«. Hauptthemen: Müllentsorgung und Lärmbelästigung durch Straßenneubau. Es gibt auch noch den Typ, der sich zu Einlassungen weltpolitischer Art hinreißen lässt: Erderwärmung, Holocaust, Versagen des Parlamentarismus, Abtreibung. Insgesamt belegt die deutsche Leserbriefkultur den vollkommen illusionären Charakter der Idee demokratischer Partizipation gerade auf kommunaler Basis. Sie hat aber eine nicht zu unterschätzende Ventilfunktion. Sie schafft, ohne vorausgehenden Gewaltakt, Märtyrer und wirkt alles in allem aggressionsabbauend, wenn sie auch, was die einzelnen Korrekturvorschläge angeht, nahezu immer folgenlos bleibt. Gott sei es gedankt. (→Private Ordnungshüter)

Liegefahrrad fahren

Liegeradfahrer (LRF) hatten in der Regel keine glückliche Kindheit. Sie wurden nicht geliebt, nicht wahrgenommen und litten darunter. Es sind im Grunde gekränkte Menschen, die mittels eines zur Schau getragenen Umweltbewusstseins Anerkennungserlebnisse durch ihre Mitmenschen nachholen wollen, auf die sie in ihrer Adoleszenz schmerzlich verzichten mussten. Die Rechnung geht aber leider nicht auf. Denn der Liegeradfahrer, wie er aerodynamisch ausgebufft, dabei die Komfortabilität der eigenen Fortbewegungsweise in einer Mischung aus Hybris und Eingeschnapptheit zur Schau stellend, in diesen Tagen ab und zu durch verkehrsberuhigte Zonen rollt, ist doch eher ein Anlass zur Belustigung denn Grund zur Freude – und doch eine Art bewegliche Belästigung, die einzig und allein durch eine besonders penetrant daherkommende Art individueller Devianz nervt. Der LRF hockt in der Regel auf einem Sitz mit Rückenlehne und steuert sein Gefährt scheinbar mühelos mithilfe der Lenkstange irgendwo unter dem Hinterteil. Die Beine treten in Pedale, die sich nicht etwa unter dem Sattel drehen, sondern sich, einem Bagger aus dem Braunkohle-Tagebau nicht unähnlich, an vorderster Spitze des Gefährts in den Feierabendverkehr graben. Gut möglich, dass er mit seinem Liegerad jeden Tag auch den 25 Kilometer langen Weg zu seinem Arbeitsplatz fährt, der in einer öffentlichen Bibliothek beheimatet sein könnte. Der LRF ist fast ausnahmslos männlich (im Unterschied zu den Lenker(inne)n von Fahrrädern mit →Kinderanhängern). So wie etwa eine →Plastikbestuhlung im Außenbereich alles über die Wirtschaftsethik eines Gastronomen aussagt, verhält es sich mit dem Liegefahrrad hinsichtlich der inneren Gestricktheit seines Besitzers: LRF sind ausgeprägte Individualisten, ja regelrechte Eigenbrötler – was erklärt, warum es keine Liegefahrradfahrer-Vereine gibt, ja keine geben kann. (Dafür gibt es aber Fahrrad-Demos zur Stärkung der Rechte von Fahrradfahrern – Veranstaltungen übrigens, die man außerhalb deutscher Bundesgrenzen nur selten finden dürfte.) LRF sind fast immer in der zweiten Lebenshälfte, aber jung geblieben (oder nie alt geworden), backen ihr Brot selbst und sind mit hoher Wahrscheinlichkeit kritische Christen. Ihr

Zentralorgan ist das *Publik Forum*. Sie haben keine Frauen (alles Schlampen außer Mutti), und hatten sie mal eine Begleiterin, dann hat die sie eines Tages vor die Entscheidung gestellt: entweder das Liegefahrrad oder ich. Wofür sie sich seinerzeit entschieden haben, sieht man dann auf den Radwegen unseres Landes. Die Unsitte zu unterbinden, wäre eigentlich Flensburg gefordert: Drei Punkte und sofort Absteigen. (→Solarzellen, →Barfuß tanzen, →Fahrradanhänger)

Lodenbemäntelung

Männer im Prostata-Vorsorge-Alter in fichtengrünen Lodenmänteln mit Kellerfalte, begleitet von ihren Ehefrauen, auf dem winterlichen Wochenmarkt in München, St. Moritz, Düsseldorf und Hamburg-Eppendorf. Dort schlendern sie paarweise an den Ständen vorbei – in weißen oder schwarzen Moonboots, mit Troddeln und Quasten am Tirolerhut. Oder mit Fasanenfedern – zumindest die Frauen. Denn es hat ja keine Eile an diesem Tag. Diese Frauen nennen ihre Männer »Göttergatten«. Meistens übernimmt der »Göttergatte«, der sich die Woche über aus beruflichen Gründen nicht an der Beschaffung des Rucola-Salats beteiligen konnte, gönnerhaft und aus Gründen der partnerschaftlichen Konfliktprophylaxe die Aufgabe, den großen Einkaufskorb zu tragen, während sie sich bei ihm eingehakt hat. Der Mann trägt den Korb aber nicht einfach vor sich her, sondern er lässt ihn, Wochenendzufriedenheit ausstrahlend, in der Ellenbeuge pendeln. Auffallend ist, dass alle diese Paare schon sehr früh am Morgen einige über den Rand des Korbes hinausragende Lauchstangen mit sich führen, sodass der Eindruck entsteht, manche von ihnen hätten diese bereits von zu Hause mitgebracht, noch bevor der Markt überhaupt begonnen hat, nur um sie den anderen als Trophäen ihres ebenso gesund-harmonischen wie erfolgreichen Lebensstils vorführen zu können. Die überbordenden Lauchstangen korrespondieren oft auf frappierende Art mit den Fasanenfedern, die von den Tirolerhüten herunterwippen, und erwecken so den Eindruck einer ganzheitlichen Inszenierung, deren Erhabenheit alle Zweifelnden dieser Welt doch ein wenig aufrichten müsste. Paare in Loden haben ihr Leben im Griff, einen Bewegungsmelder im Garten und sagen Sätze wie: »Wenn ich mir überlege, was ich an Elan in die Sache reingesteckt habe und was am Ende herausgekommen ist, dann war das Ergebnis gleich null.« Sprechen es und lassen in bewundernswerter Gelassenheit die Stangen noch ein wenig in der Morgensonne wippen.

M

Mahlzeit!

Stammessen, Tellergericht, Krankenhauskantine, Mensa, Cafeteria, Jugendherberge. Schlechte Luft und klirrender Lärm. Kantinentablett, auch Muldentablett genannt, orangefarben, zerbeulte Alu-Großkannen mit Hagebuttentee, Rindsbouillon mit Ei, Gulaschkanone, Sauerbraten, Mondamin-Fix-Soßenbinder-Saucen, die sich als braune Lederhaut über die Dosenchampignons legen, Dosenkarotten, grüner Beilagensalat mit saurem Essig angemacht, Sahnejoghurt in viereckigen Porzellanschalen mit mittiger Erdbeerhälfte, Katastrophenschutzübung, kalte Füße, kalter Krieg. Mahlzeit!

Militarisierung der Gartenwelt

Deutsche lieben die frische Luft. Deutsche lieben die Arbeit an der frischen Luft. Deutsche lieben die motorisierte Arbeit an der frischen Luft. Vor allem an einem deutschen Samstag im Sommer. Brummen und Dröhnen, Rasseln und Schwirren, Rumpeln und Donnern. Die Luft riecht nach Grasölen und Benzin. Gartenarbeit. Fast 60 Prozent der Deutschen haben einen eigenen Garten. Das sind rund 36,2 Millionen Gartenbesitzer. Der Trend, so ein Branchenbericht, sei der selbstgestaltete Garten, der ökologisch geprägte Naturgarten sei auf dem Rückzug, nur noch zehn Prozent wollen Wildwuchs. Außerdem entscheiden sich immer mehr fur die »pflegeleichte« Ausübung ihres Hobbys. »Gartenaktiv« sei vor allem die »Generation 50 plus« – und die macht mächtig Getöse.

Einen von ihr sehen wir sich parallel zum Zaun eines Nachbargartens bewegen, einen Benzin-Rasenmäher übers Gelände zerrend: gegerbte Lederhaut, den Oberkörper gezwängt in weißes Doppelripp, blaue Bermuda-Shorts, dazu ohne Socken in kniehohen Gummistiefeln. Auf der anderen Seite des Jägerzaunes: ein in Geist und Gewand identischer Zeitgenosse, ebenfalls motorisiert. Er grüßt militärisch, indem er die Hand an die Schläfe führt, dreht dann ab in Richtung Wäschespinne. Der Doppelripper bleibt am Zaun zurück. Bringt jetzt ein Kampfinstrument in Anschlag, das in der Fachsprache »Rasentrimmer«, »Rasenkantenschneider« oder »Rasenkantenfräser« heißt und ein schwer erträgliches Sirren und Schwirren absondert. Dieses fügt sich bald zusammen mit dem Knattern der mittlerweile fünf im gesamten Untersuchungsfeld auszumachenden Benzinrasenmäher, sodass nun auch noch die letzten Hochfrequenzbereiche des akustischen Spektrums fugendicht ausgefüllt sind. Der Mann hält den Trimmer wie ein Minensuchgerät knapp über dem Boden – oder wie einen jener Metalldetektoren, mit denen Strandgänger am Ende eines langen Sonnentages den Sand nach Münzgeld oder anderen wertvollen Metallgegenständen absuchen. Knapp über dem Boden rotiert mit rasend schneller Geschwindigkeit ein Kunststofffaden, so schnell, dass er gar nicht zu sehen ist, und flext damit alles weg, was sich ihm in den Weg stellt. Befeuert vom Tosen um ihn herum, tritt im angrenzenden Areal in diesem Moment ein anderer auf den Plan, ein weiteres Mähgerät im Anschlag. Jetzt kontert die Frau des Ledernackens den Angriff, indem sie die Szenerie vervollständigt: Sie poltert mit einem Häcksler-Gerät um die Ecke, das sie bald schon mit Kleinholz zu füttern beginnt. Der Minensucher hat in diesem Augenblick sein Werk vollendet und alles abgefräst, was an störenden Randgräsern in Frage kommt. Er scheint aber noch überschüssige Fräsenergie zu haben. Also fräst er noch ein bisschen auf dem Gehweg vor seinem Häuschen – da gibt's immer was zu fräsen, irgendein Hälmchen verirrt sich sicher hierher. Dann trollt er sich. Und ein Frührentner vom Nachbargrundstück springt in die Bresche. Er reitet seine Attacke gegen den Wildwuchs auf einer Art Mini-Spähpanzer. »Aufsitzmäher« nennt die Fachwelt das Gefährt, mit dem er konzentrische Kreise in seinen Rasen mäht. In einem packenden Finish rattert er durch eine Pergola und dann noch ein paar Ehrenrunden um die Regentonne, um den Gartengrill, ums ganze Häuschen.

Knickgelenkte »Aufsitzmäher« oder »Zero-Turn-Mäher« praktisch ohne Wendekreis, Kleintraktoren mit Zweizylindermotoren und »Schlegeltechnik« für »schwierige Einsatzbedingungen«, dazu »Ride-on-Geräte« – das sind die Hits der gegenwärtigen Gartenwelt. Ein Must für alle Männer, die als Junge kein Kettcar hatten. Zwar liegt der ordinäre Rasenmäher mit über 50 Prozent Marktanteil noch immer vorne, aber andere Geräte, wie der Vertikutierer, der Häcksler, der Laubsauger sowie Benzinsensen und Trimmer, holen auf. »Motor statt Muskelkraft« ist das Motto der Gartenfachmesse in Köln, die für die Zukunft die Motorisierung selbst von Kleingeräten zum Jäten gelobt. Hauptsache, es knattert. Den Trend beschreibt ein Branchenblatt: »Bei Rasenmähern steht weiterhin der Spaßfaktor im Vordergrund.« Gerade der »Aufsitzmäher« (jetzt auch mit Mulchfunktion!) reiche hinein ins »Fun-Segment« und habe daher besonders gute Marktchancen. Jetzt ist klar, warum die Polkappen schmelzen. (→Laubbläser, →Eigenheim mit Carport)

Mittelstandskultur

Das Geheimnisvolle ist: Keiner weiß so recht, was in den Betrieben des deutschen Mittelstands produziert wird und wofür das, was dort hergestellt wird, also Verbundmuffen, Spritzguss-Armaturen oder Präzisionsdrehteile, eigentlich gebraucht wird. Was man aber weiß: Auf den Mittelstand kommt es an. Weshalb man ihn möglichst dreimal täglich steuerlich entlasten muss. Hört man dreimal die Woche. Offenbar hat der deutsche Mittelständler einiges zu schultern. Warum hilft man ihm nicht?

Früher war der typische Mittelständler ein eigenwilliger Firmengründer, dessen soziale Herkunft noch die von der Feldarbeit schwarzen Fingernagelränder verrieten. Heute sind es die Erben der väterlichen Betriebe oder auch: der »neue Mittelstand«. Noch immer pflegen sie den Führungsstil ihrer Väter, der auf Familiensinn und Tradition höchsten Wert legt. Joviale, hemdsärmelige Naturen, mit dröhnendem Lachen und Schulterklopfen beim Betriebsfest, gelbgesichtig und magenkrank, wenn sie Post vom Finanzamt bekommen. Sie sind schwerreich, bleiben aber Fremde selbst unter jenen Reichen, zu deren Welt ihnen ihre Väter einst Zutritt verschafft haben.

Über Erfolg oder Scheitern einer mittelständischen Vita entscheidet die Antwort auf eine bestimmte Frage: nämlich darauf, ob der Mittelstandsanwärter es in den Augen seiner Angehörigen »geschafft hat« oder nicht. Die Entscheidung darüber hängt von einer ungewöhnlich hohen Zahl von Statussymbolen ab. Es gibt keine soziale Gruppe in Deutschland, die sich mehr damit dekoriert. Das kommt nicht von ungefähr. Wo jede innere

Sicherheit fehlt, wo Identifikation nicht über Herkunft oder Bildung entsteht, wird auf Mittel zurückgegriffen, die ökonomisch verfügbar sind. Männer des Mittelstandes tragen bei der →Bambi-Verleihung (vielleicht *dem* paradetypischen Mittelstandsevent schlechthin) *Boss*-Anzüge, sie hören immer noch Andrea Bocelli oder die Filmmusik von 1492, dazwischen aber auch Yvonne Catterfeld. Sie lieben ihren Offroader, aber auch abstrakte Kunst. Ihre Frauen haben einen eigenen Raum für ihren Cross-Trainer und träumen von Schwiegersöhnen, die wie Hugh Grant aussehen. Wichtig ist Komfort, wenn auch aus dem Katalog. Der Mittelständler definiert sich über cremefarbene Ledersofas, schwere Perserbrücken, helle Marmorböden. Er liebt Lodenstoffe, die Jagd und das Plexiglas-Piano von Udo Jürgens. Sein Karibikurlaub findet in einem Viel-Sterne-Hotel statt. Dass er pauschal gebucht ist, stört ihn nicht. Die Farbe seines Standes ist Gold. Wer goldene Armaturen im Badezimmer hat, der hat es geschafft. (→Kalbsleberwurst, streichzart, im Golddarm)

Musikalische Umrahmung

Wenn deutsche Mittelstandsbetriebe 25-jähriges Jubiläum begehen, dann nicht ohne ein Streichquartett. Wahrscheinlich Vivaldi, manchmal auch Haydn. Schon verwegener geht es bei der Hochfinanz zu, in den Ballungszentren der Republik: Gibt es hier etwas zu feiern, dann immer noch gerne mit Jazz, schwarzem Jazz. Am besten die *free jazz session* im Foyer der Privatbank, etwa anlässlich der Vorstandsehrung. Dann wird vom Chef genießerisch gelächelt wie beim Anblick einer schönen Frau, obwohl ihm doch jeder Ton nur innere

Schmerzen bereitet, ihm seine Zeit vertan vorkommt wie bei einer Stunde Zugverspätung und wenn nicht er selbst, so doch sein linkes Bein schon wiederholt eingeschlafen ist. Aber Deutsche halten tapfer durch, wenn es um Kultur geht (→Eingebildete Bildung). Im literarischen Salon wird die Dichterlesung ummalt von einem gagenfreien Amateur-Duett. Sie in Poncho und Pumps, er in schwarzem T-Shirt, bunter Künstlerweste und Clogs. Man gibt Standards aus dem *real book* zum Besten: Autumn Leaves, Orfeu Negro, All of me. Äußerst beliebt sind die Kombinationen →Saxophon und Piano, Saxophon und Kontrabass sowie Gesang und Kontrabass. Der Bass kommt vor allem wegen seiner imposanten Größe gut an und ist so beliebt wie der Elefant, wenn man mit Kindern in den Zoo geht. Da macht es auch nichts weiter, wenn der Spieler zur Unzeit die Saiten zupft und die Mehrzahl der Töne nicht trifft. Keiner muckt auf. Im Gegenteil: Sogar der Kulturdezernent schnippt mit und tappt tapfer den Takt. Man lässt das über sich ergehen, weil gerade in der Kultur schon der Versuch, die kleine Geste, zählt und der Veranstaltung Niveau verleiht. Und bei der SPD? Auf dem Ortsvereinsfest – oder gerne auch beim »Jazz-Frühschoppen« unter Genossen – spielt bis zum heutigen Tag mit tödlicher Sicherheit eine Dixieland-Band. Die »Halleluja-Stompers« oder »Fräulein Meiers Hinterhof-Jazzer«. Dann doch lieber gleich offen und ehrlich, wie bei der CDU Mainz, »bunte Unterhaltung bis in die frühen Abendstunden«.

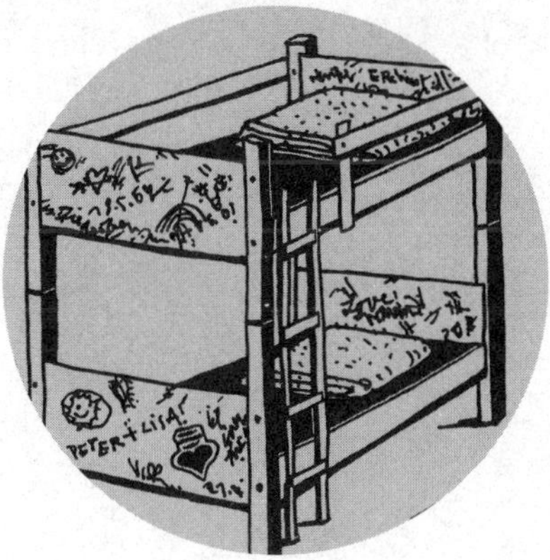

N

Nacktbaden, Nacktgrillen, Nacktjoggen

Ob am Baggersee, in Fuerteventura oder an der Ostsee. Ob beim Baden, Grillen oder Joggen, Ossis fast noch mehr als Wessis: Deutsche lieben es, sich nackt zu zeigen. Sie müssen sich von allen abendländischen Völkern am stärksten von ihrer eigenen Lebensart gehemmt, drangsaliert, ja stranguliert gefühlt haben. Anders lässt sich nicht erklären, dass sie es waren, die sich im Lauf der abendländischen Modernisierung zuerst an öffentlichen Orten ausgezogen haben. FKK ist eine Erfindung der deutschen Reformbewegung des ausgehenden 19. Jahrhunderts. Von frühen Freaks wie Raphael Salomonson, der um 1900 in Ascona am Lago Maggiore das Nacktsein auch bei der Gartenarbeit kultivierte, bis zu Dr. Peter Niehenke, dem Nacktjogger aus Freiburg, der vor ein paar Jahren in einer Reihe von Prozessen, die man ihm machte, das Recht erstreiten wollte, nackt im öffentlichen Raum zu joggen – durch unsere jüngere Kulturgeschichte zieht sich ein starker Drang zum Nacktsein, wie er außerhalb der deutschen Grenzen nicht bekannt ist. Dabei liegt verkehrt, wer das Nackigmachen in einen frivolen Zusammenhang deutet: Keineswegs geht es um Lust und Lüsternheit, sondern um Ursprünglichkeit, Natürlichkeit, mal wieder um das wahre Wesen, noch immer um einen Reflex auf die »depravierte Zivilisation« des industriellen Zeitalters, wie Rousseau das nennen würde.

Der Freiheitsdrang ist verständlich – was nicht ohne weiteres einleuchtet, ist der Weg, den sich der Deutsche zur Entlastung wählt. Denn Angehörige anderer Völker, die nicht minder unter dem Druck der Zivilisation leiden, lösen das Problem ja auch auf andere Weise. Also

liegt noch eine zweite Erklärung nahe: Bringt das Nacktsein nicht auch Entlastung von ganz anderen Qualen? Äußert sich darin vielleicht auch ein antiautoritärer Protest, im Sinn einer Rebellion des wahren Individualismus gegen soziale Zwänge, vor allem gegen alles Modische? Man weiß es ja zu gut: Deutschland als Nation ohne weltstädtische Vergangenheit war nie ein Ort, an dem der modische Stil erfunden, sondern wo er nachgeahmt wurde. Daraus erwuchs eine äußerst ambivalente Haltung gegenüber der Mode. Auf der einen Seite der unbedingte Wunsch, doch genauso modisch zu sein wie die Menschen in Paris, auf der anderen Seite die aus der Not geborene Ablehnung, ja Verteufelung aller Verfeinerung, und wie aus Trotz: die Betonung des Rohen, Naturwüchsigen, Urigen. Deutsches Nacktsein ist die Revolte des mündigen Individuums gegen die Konvention. Wir sind so oft nackig, weil wir scheinbar von beidem mehr haben: mehr einengende Konvention und mehr Individualität, die raus muss.
Auf jeden Fall ist es nicht immer nur die reine Freude, Nackte ansehen zu müssen: Eine Bande von Rotärschen an den Gestaden paradiesischer Eilande, einzig bekleidet mit dem pinkfarbenen Armbändchen ihres All-inclusive-Resorturlaubs, kann einem die Freude über Gottes Schöpfung vermiesen, obwohl (oder gerade weil) sie sich hier so unverstellt zeigt. Unsere Leiber sind eben meistens nicht mehr so ansehnlich wie die der guten Wilden, sondern erinnern eher an gut gegerbte Wildlederhandtaschen.

Naturfreundehaus

Manchmal reicht die deutsche Geschichte in die Gegenwart hinein und übernimmt sozusagen die Patenschaft für eine Unsitte. So in diesem Fall. Die Institution des Naturfreundehauses gibt es seit genau einhundert Jahren – und dass es überleben konnte, hat mit unserer schweren Vergangenheit zu tun. Das Naturfreundehaus ist ein Ort des Verzichts. Bis heute ist die Verzichtsattitüde für den deutschen Volkscharakter unverzichtbar (→Innerer Schweinehund). Die alte Bundesrepublik war auf Trümmern errichtet, und die, die sie errichtet hatten, wussten aus den Hungerjahren, was es heißt zu verzichten. Die Zeit des Mangels war nach 1945 nicht vorbei. Aber irgendwann in den Fünfzigern hatten die meisten dann doch wieder zu essen, ein Dach über dem Kopf, und auch die Heizung funktionierte wieder. Aber obwohl manches nachgeholt wurde, etwa in der Fress-, Reise- und Möbelwelle – der Mangel prägte in vielen Bereichen auch dann noch das Leben, als ihn kaum einer mehr zu erleiden brauchte. Der Verzicht hatte sich von einer konkreten Verlust-Erfahrung zu einem moralischen Postulat gewandelt. Der Überfluss wurde vielfach noch gemieden – sein Genuss galt als sittliche Verfehlung. Zeit- und vor allem Freizeiterleben ohne Verzichtsmoment galt vielen noch lange nach 1945 als unanständig. Statt »Rock Around The Clock« herrschte das Motto der Volksbank: »Nutze die Jahre, lerne und spare!« Ein psychologischer Mechanismus wirkte in einem geschlagenen Volk: Die Angst vor der Üppigkeit entstammte der Erfahrung, dass man schon einmal alles verloren hatte. Wer bescheiden blieb, war sozusagen trauma-resistent und damit wenigstens psychoökonomisch auf der sicheren Seite. Genuss schien nur erträglich, wenn er nach Mühsal schmeckte. Gefeiert und aufgelebt wurde nur schüchtern, vornehmlich im Verborgenen des privaten Raums, im Wohnwagen oder Gartenhäuschen oder in der Miniatur: beim Tischtennis oder beim Minigolf. Wir, die Kinder der gestählten Verzichtsveteranen, können noch ein Lied davon singen, schließlich wurden wir in den Sommerferien von unseren Eltern in die Welt des Verzichts geschickt, ohne dafür weiteres geheiligt zu werden: zur Stadtranderholung der Arbeiterwohlfahrt.

Im Naturfreundehaus (und auch in der Jugendherberge) hat dieser deutsche Geist überlebt. Schon das Willkommen erinnert an Wolfgang Borcherts »Draußen vor der Tür«. Es gibt tatsächlich Erbseneintopf mit Fleischwurststückchen, dazu Kamillentee aus großen Aluminiumkannen, wie sie sonst nur noch der Katastrophenschutz verwendet. (→Mahlzeit!) Auch das gemahnt an Opfergeist, wie überhaupt die gestrenge Geselligkeit derjenigen in konfessionellen Gemeindezentren nicht unähnlich ist. Schmuck- und freudlos, aber immer zweckmäßig, das Interieur: Es erinnert an Altenwohnheime, wo das absterbende Leben – wie hier das sprießende – und die Räume, die man ihm dafür anbietet, offenbar als eine rein funktionelle Angelegenheit erachtet werden – ohne anzuerkennen, dass der Mensch durchaus auch ornamentale Ausstattungsbedürfnisse hat. Die Zimmer absichtsvoll abweisend, die Linoleumböden und Resopaltische →abwaschbar, dazu der obligatorische Herbergsschlafsack aus Baumwolle, der als innerer Bettbezug Läuse und Erreger fernhalten soll, die der Vorgänger-Gast in jene braun-grauen Bundeswehr-

Wolldecken hineingeschwitzt haben könnte, auf die zur besseren Orientierung »oben« und »unten« eingewoben ist. In den Kammern riecht es nach einer Mischung aus Fußschweiß und Gehwol-Fußcreme. In den Stockbetten verhindern horizontale Wehrdielen nicht nur nächtliche Stürze aus dem Bett, sondern in erster Linie den Einstieg →unbefugter nächtlicher Besucher des anderen Geschlechts (falls sich tatsächlich einmal sexuell noch aktive Menschen hierher verirren sollten). Der Sexualität wird vorgebeugt – und sie ist gerade deswegen nicht zu verbannen: Vor allem auf den Dachschrägen aus schlecht verlegten Nut- und Federbrettern, in die jugendliche Vorschläfer mit dem Taschenmesser Graffiti eingeritzt haben, kehrt sie zurück und zeugt von der Macht obszöner Phantasien auch an diesem lustlosen Ort.

»Zucht erzeugt Überfluss«, sagt der mittelalterliche Kirchenvater Caesarius von Heisterbach über die Gefahren des Klosterlebens. »Überfluss«, so der gelehrte Kleriker weiter, »lockert, wenn man nicht auf der Hut ist, die Zucht, und die Lockerung der Zucht vernichtet den Überfluss.« Im Naturfreundehaus warten sie noch auf den Überfluss. (→Innere Werte)

Neue Bürgerlichkeit

Wie jede historische Epoche hat auch die Restauration auf jeder Stufe der sozialen Leiter ihre typischen Vertreter. In den Fünfziger- und Sechzigerjahren ganz oben: Konrad Adenauer und Ludwig Ehrhardt, weiter unten der ehemalige Blockwart, der nur noch seinen Schrebergarten überwachen durfte – oder seinen Schäferhund abrichtete. Das Wort »Spießer« brachte alle unter den

einen Hut, den sie damals so beharrlich trugen, dass sie ihn auch im Opel Kadett nicht abnahmen. Gemeint war der reaktionäre, unpolitisch-aggressive Kleinbürger mit Hang zum Kryptofaschismus, der sonst in deutschen Schützenvereinen oder auf dem Campingplatz zu finden war. Die TV-Serie »Ein Herz und eine Seele« setzte ihm in Person von »Ekel Alfred« ein Denkmal.
Nachdem die Revolten der 68er-Ära abgeklungen waren und die Protesthaltungen demokratisiert sind, war eine neue Phase erreicht: Der saturierte Alt-68er wurde selbst zum Spießer. Man nannte das die Neue Unübersichtlichkeit. Sie hält bis heute an. Heute hat der Spießer hundert Gesichter: Es gibt weiterhin die kleinbürgerlichen Autoritären, Philister, Hausmeistertypen, den Swingerclub-Spießer mit Siegelring – aber jetzt eben auch den im Clownskostüm: den Kreativ-Spießer, den Öko-Spießer, den Konsumrebellen. (Hauptsächliches Verbreitungsgebiet für Letztere waren und sind die Speckgürtel Baden-Württembergs.) Die bürgerliche Mitte ist breit und hat Platz für viele: In jüngster Zeit jedoch haben sich die Gewichte erneut verschoben und es scheint, dass der Rot-Grün-Spießer (Toskana-Fraktion) nun etwas an den Rand gerückt ist, um wiederum einem ganz neuen Typ Platz zu machen: dem Mann der sogenannten neuen Bürgerlichkeit – wie man den aus purer Langeweile geborenen modischen Neo-Konservatismus der Gegenwart genannt hat. Ihre Hauptvertreter sind latent selbstmitleidige, wiewohl vollends saturierte, ja teilweise bereits dekadente Wohlstandsjammerer wie Frank Schirrmacher, Matthias Matussek, Ulf Poschardt, Paul Nolte, Bernhard Bueb oder, ähnlich im Geiste, aber außerhalb der Satisfaktionszone: NDR-Nudel Eva Her-

man sowie BR-Pate Sigmund Gottlieb. Vollends außer Konkurrenz: der neocalvinistische Autoerotiker Peter Hahne, der sich das Wehklagen über den Werteverfall ausgerechnet von der BILD-Zeitung bezahlen lässt. Die Neubürgerlichen formieren sich entlang origineller wie brandneuer Überzeugungen wie zum Beispiel: Um unsere öffentliche Moral ist es schlimm bestellt; Arbeitslose wollen gar nicht arbeiten; die Frauen gehören zurück an den Herd; Ausländern geht es zu gut bei uns; Deutschland kann sich den Sozialstaat nicht mehr leisten. Szene-Treff und Austauschbörse der Elite der Neubürgerlichen ist das Berliner Billig-Restaurant Borchardt. Ausführlicher aufgeräumt hat mit dieser neuen Unsitte bereits der Journalist Christian Rickens in seinem empfehlenswerten Werk »Die neuen Spießer. Von der fatalen Sehnsucht nach einer überholten Gesellschaft«, weshalb darauf verwiesen wird. Ehre, wem Ehre gebührt. (→Innere Werte, →Prinzipientreue)

Nudelsalat

Unser wahres Nationalgericht (→Mahlzeit!) wird zur Weihnachtsfeier oder zum Sommerfest im Betrieb gerne von Mitarbeitern beigesteuert, die ihr →Handy in einem Etui am Gürtel transportieren, →Herrenslips mit Eingriff tragen und im Sommerurlaub zwei Wochen nach Taizé fahren. Vorzugsweise zusammen mit einer Flasche »Rüttgers Club« (im Osten: »Rotkäppchen halbtrocken«). Seine höchste Formvollendung erreicht der Nudelsalat, wenn man Spiralnudeln und Dosenerbsen in einer angegrauten Tupper-Schüssel aufeinanderprallen lässt und unter Zusetzung von Mayonnaise beobachtet, ob nach circa 48 Stunden eine Kernfusion einsetzt. Der optimale Genussmoment ist erreicht, wenn die Spiralnudeln den Grauton der sie umgebenden Tupper-Schüssel angenommen haben und leicht tranig schmecken. Jetzt kann einem bunten Abend nichts mehr im Wege stehen. (→Unkostenbeitrag, →Fleischsalat)

P

Party pur

Der Deutsche kommt nur schwer in Stimmung. Er ist eher introvertiert, verstockt und muffelig. Deswegen muss, wo keine Stimmung aufkommt, Stimmung gemacht werden. Beim Musikantenstadl, auf dem Oktoberfest, beim →Heimatabend und an →Fastnacht. Es gilt, Widerstände zu brechen. Mehr als anderswo. Eine besondere Form deutscher Festlichkeit nennt sich »Party pur« (siehe auch →Sonne pur). Deutsche machen gerne Party. Wer etwa an Ostern 2007 durch die badische Gemeinde Ettenheim fuhr, konnte – anhand der Plakate entlang der Hauptstraße – gleich drei lokal anstehende Party-Events in Erfahrung bringen: die »Black Magic Oster Party«, die »Coyote Party« und die »Extreme Metal Party«. Ein paar Kilometer weiter rheinabwärts wurde sogar die »Ultimative 99 Cent Party« angekündigt. Deutsche feiern eben immer und überall. Bis der Arzt kommt. Und nennen das dann Ab-feiern, wobei auch gerne ab-gedanct wird – nach Möglichkeit auf der Straße, zum Beispiel nach dem Sieg gegen andere Fußballmannschaften. Meistens steht dann irgendwo ein Reporter mitten im Getümmel. Monika Lierhaus lächelt dann gut einstudiert und doch irgendwie asbesthaltig, weil sie so tun muss, als ob sie neidisch wäre, jetzt nicht an Ort und Stelle zu sein, obwohl sie nicht wirklich lieber auf dieser Party wäre. »Wie ist die Stimmung bei Euch?« Der Reporter schreit dann ins Mikrophon: »Die Stimmung ist riesig hier, irre. Man hört sein eigenes Wort nicht!« Im Hintergrund sieht man johlende Menschen mit Plastikbechern voller Bier, die enthemmt »Yeeeeeeaaaaaah!« brüllen. Der Reporter dreht sich dann ins Publikum: »Und wie ist die Stimmung bei

Euch?« Der eine hinten links schreit wieder »Yeeeeeee-aaaaaaaaaaaaaah!« Ein anderer schreit »Waaaaaaahnn-sinnnn!«, ein Dritter grölt: »Nie mehr zweite Liga, nie mehr, nie mehr!« Ein schüchternes Mädchen, das noch nicht völlig knülle ist, piepst: »Wir machen hier Party ohne Ende.« Ihre Freundin findet das Event vollends »saugeil«. Genau das wollten wir hören. Zurück ins Studio.

Pizza Hawaii

Ein Italiener, der auch nur einen Funken Ehre im Leib hat, würde so etwas niemals anrühren. »Pizza Hawaii« ist, genauso wie »Toast Hawaii«, tatsächlich eine rein deutsche Erfindung, unauffindbar außerhalb der Landesgrenzen – nicht einmal auf Hawaii. Und doch hierzulande höchst beliebt: Von Angela Merkel selbst wollen politische Insider wissen, dass sie sich in ihrer Zeit als Abgeordnete in den Bonner Parlamentswochen schon ab und zu mal telefonisch eine »zum Mitnehmen« bestellt haben soll. (Die wirklich →leckeren Pizzas bekommt man in gastronomischen Betrieben, die auch noch den Durchmesser angeben: Ø 26 cm 6,90 oder Ø 20 cm 3,90 Euro.) »Pizza Hawaii« offenbart das maximale kulinarische Glück, zu dem Deutsche in Ost und West fähig und bereit sind; in ihrem »Belag« ist all das vereint, was eine deutsche Mahlzeit braucht. Die unverzichtbare Fleischbeilage: der in Form gepresste gekochte Vorderschinken aus niedersächsischen Mastzuchtbetrieben, dazu übersüßte Dosen-Ananas-Ringe und schließlich der immer reichliche, kaugummiartige Edamer-Bleichkäse, den der Deutsche so gerne wie eine schützende Hülle über fast alle seine Speisen legt, um genüsslich an den Fäden zu saugen, die er im geschmolzenen Stadium bildet (→Spaghetti bolognese). Zum Nationalgericht – nach dem deutschen →Nudelsalat – qualifiziert sich »Pizza Hawaii« (dazu vielleicht ein →Cola-Weizen?) durch die prototypische Mischung aus süßlicher Pappigkeit und knusprig-knatschiger Klebrigkeit, also durch das, was man – »yummy, yummy!« – in den USA »creamy«, »quenchy« oder auch »crunchy« nennt: alles Geschmackseigenschaften, die im Grunde dem sensorischen Erfassungsvermögen von Kleinkindern entsprechen. »Pizza Hawaii« ist tatsächlich teiggewordenes Zeugnis der hohen Regressionsanfälligkeit des deutschen Volkscharakters insgesamt. Weshalb auch richtig liegen dürfte, wer weiter mutmaßt, dass dem Genießer von »Pizza Hawaii« höchstwahrscheinlich auch »Schlemmerfilet Bordelaise« schmeckt, und er oder sie höchstwahrscheinlich auch Socken mit Mickey-Mouse-Motiven trägt, derer man nach dem Rendezvous bei »Pizza Hawaii« vielleicht erst zu Hause im trauten Kämmerlein ansichtig wird, wenn es eigentlich zum Äußersten hätte kommen sollen.

Plastikbestuhlung im gastronomischen Außenbereich

Gibt es auf der Welt (nach Berlin-Marzahn) etwas Endgültigeres, Unaustilgbareres, Gnadenloseres als einen Plastikstuhl? Wohl nicht. Trotz aller Gemeinheit, trotz der Tatsache, ein, wie Roland Barthes schreibt, »zu kurz gekommenes Material« zu sein, »verloren zwischen der Dehnbarkeit des Gummis und der flachen Härte des Metalls«, ist Plastik, zumal zum Stuhl gepresst, unglaublich verbreitet. Der Plastikstuhl kostet im Bau-

markt fünf Euro und hält eine Ewigkeit. An einem Strand in Portugal steht eine Info-Tafel einer Umweltschutz-Organisation, auf der geschrieben steht, wie lange unterschiedliche Gegenstände, die man so ins Meer schmeißt, brauchen, bis sie völlig zersetzt sind. Ein Plastikstuhl braucht 200.000 Jahre. Was für ein →Preis-Leistungs-Verhältnis! Es gibt Leute, die finden den »Monobloc« toll, weil er zehntausend Leuten in Nigeria die Möglichkeit gibt, bei einem Gottesdienst zu sitzen. Oder Künstler, die ihn natürlich längst schon als Insignie des Coolen entdeckt haben. Wie langweilig. Aber warum sitzen so viele Deutsche darauf? Er ist wetterbeständig, unheimlich praktisch, stapelbar, extrem günstig und vor allem →abwaschbar – etwa wenn mal etwas Majo oder *Miracel Whip* daneben geht oder die Kinder etwas →Spaghetti bolo verkleckern.
Nun könnte man einwenden, die Unkultur des Plastikstuhls gebe es auf der ganzen Welt. Mag sein. Aber eine speziell deutsche Errungenschaft ist es, dass er längst nicht mehr nur →Schrebergärten oder meinetwegen noch die kahlen Innenhöfe oberrheinischer Straußenwirtschaften schmückt, sondern auch die Außenbereiche der gehobenen Gastronomie erreicht hat – die Edelvariante mit hoher Rückenlehne in Blaukraut-Dunkellila mit quietschfarbenen Polstern oder in Förs-tergrün mit Flechtimitat in der Rückenlehne und schimmelgrau marmorierten Kissen. Dazu wird man gerne an Plastiktische gesetzt, die mit gummierten rutsch- und wetterfesten Geweben als Ersatz für eine Tischdecke ausgerüstet sind (→Wachstischdecke). An den Rändern solcher Decken hängen tannenzapfenförmige Gewichte herab, damit auch im Falle eines aufkommenden Sturmes unter

dem *Warsteiner-Schirm* eine störungsfreie *bonne continuation* des Outdoor-Menüs möglich bleibt.
Plastikbestuhlung im gastronomischen Außengelände ist jedoch nicht nur eine stilistische Marotte. Fast immer ist sie Teil eines bestimmten gastronomischen Systems. Wie sagte der allzeit kompetente Gastronomie-Kritiker Wolfgang Abel in einem Interview mit vollem Recht: »Vier Reihen Blutwurstrot mit gelben Kissen auf altem Kopfsteinpflaster: Da ist alles verloren.« Plastikbestuhlung bedeutet Alarmstufe rot für das kulinarische Frühwarnsystem und ist gleichsam der letzte Aufruf, sich noch rechtzeitig wegzuducken, bevor man Kopf voraus in einem 5-Liter-Großmarkt-Kanister mit Salat-Dressing »Rhode Island« ersäuft wird. Denn eines ist sicher: Wer draußen Plastik zum Draufsitzen anbietet, der macht sicher auch Ernst mit »Salat mit Putenbruststreifen«, »Schwenksteak mit Käsesahne-Sauce« oder allerlei anderen mit Käse überbackenen →Leckereien.
Es gibt übrigens noch etwas Erhabeneres als einen weißen, förstergrünen oder blaukrautlila Plastikstuhl: einen, auf dem eine Tupper-Schüssel mit →Nudelsalat steht – arrangiert unter einem weißen Aldi-Partyzelt. Aber das ist dann wirklich Kunst. Er steht dann auf der Documenta in Kassel und man muss Eintritt zahlen, um ihn sehen zu dürfen.

Polizisten in Dienst-Jeans

Vor ein paar Jahren wurde alles anders bei unserer Polizei: Eine neue Dienstvorschrift die Dienstkleidung betreffend kam heraus. Seither ist es dem Beamten selbst überlassen, ob er zur Ausübung seines Berufs die traditionelle Stoffhose in Beige mit Bügelfalte anzieht –

oder die Dienstjeans in Stretchmaterial und klassischem Schnitt. Wachtmeister in Jeans! Ja, was denn noch? Blüht uns bald der erste Innenminister mit Dienst-Piercing? Schäuble mit Irokesenschnitt? Wenn überhaupt eine europäische Polizei noch wahrhaft polizeilich-stattlich daherkam, gradlinig, gründlich, grün (statt blau) – nicht die eigene Eitelkeit zur Schau tragend, wie man es bei jenen gockelhaft-aufgeplusterten Edelbullen mit Ray-Ban-Sonnenbrillen in Italien oder Spanien sieht, sondern noch im gewissenhaften Dienst am Volk, im Max Weber'schen Sinne: nüchtern der Sache hingegeben, eben für Recht und Ordnung sorgend – dann doch bei uns. Das hatte Sitte. Jetzt ist uns ausgerechnet peinlich, was uns stark macht: Und deshalb soll auch noch der Polizist cooler werden. Wohin führt das? Zum Verfall einer Respektsperson, zum Verfall von Recht und Ordnung, letztlich zum Untergang des Abendlandes. Macht ruhig weiter so.

Pool-Liegen besetzt halten

Wenn Unsitten heute so um sich greifen, dann hat das vor allem damit zu tun, dass es heutzutage fast überall mehr Kandidaten gibt, als Preise zu gewinnen sind. Wir müssen die raren schönen Orte des Lebens mit mehr anstürmenden Zeitgenossen teilen, als uns lieb ist – woraus Groll, Unmut und die Bereitschaft entsteht, auch einmal die Regeln des guten Anstands zu übertreten, wenn nur dadurch das schöne Leben zu bekommen ist. Dem Deutschen scheint die Anwesenheit von Konkurrenten besonders zuzusetzen – weshalb er hartnäckiger um den Platz an der Sonne kämpft als andere. Ob im Kino, im Bierzelt, im Café oder am Meeresstrand: Der Deutsche besetzt gerne Plätze für sich und seine Freunde – und verteidigt sie zäh, auch wenn sein eigenes Rudel erst Stunden später kommt. Dasselbe Phänomen lässt sich im Pauschalurlaub beobachten – schon bei Sonnenaufgang und noch lange vor dem Frühstück pflegen Deutsche mit ihren Badehandtüchern die besten Pool-Liegen der Hotelanlage zu reservieren. Um zuerst da zu sein, stellen deutsche Erholungssuchende auch im Urlaub den Wecker auf 4.47 Uhr. Oder übernachten gleich vollends auf der Pool-Liege. Wachablösung alle zwei Stunden. (→Sonne pur, →Strandburgen, →Distanz und Reserve)

Preis-Leistungs-Verhältnis

Wenn ein durchschnittliches deutsches Paar, verheiratet oder nicht, ganz egal, einen besonderen Tag, vielleicht den Hochzeitstag, feiert und zur Feier des Tages einmal ins Spitzenrestaurant essen geht, wenn eben dieses Ehepaar, gesetzt den Fall, es habe wirklich hervorragend gespeist, anderntags von Bekannten gefragt wird: »Na, wie war Euer Festessen gestern Abend?«, so drückt es das höchste Kompliment in der Regel in drei Worten aus: »Es war recht.« Oder auch: »Man konnte nichts sagen.« Und genauso denkbar: »Das Preis-Leistungs-Verhältnis hat gestimmt.« Der Deutsche erwartet für sich immer das Beste – aber das zu einem günstigen Preis. Das ist die deutsche Effizienz, die unsere Wirtschaft stark macht und derentwegen uns die anderen so sehr ins Herz geschlossen haben. Im gastronomischen Erlebnis wird das Ideal erreicht, wenn es nichts gibt, worüber man sich beschweren könnte. (Ob es nun wirklich das Beste war, was man bekommen hat, oder ob man sich das nur einbildet, ist ganz egal.) Überhaupt ist

Lebensglück im deutschen Fühlen oft nur die Abwesenheit von Schmerz, das ganze Leben am Ende eine Sache des Preis-Leistungs-Verhältnisses. Ist schon recht.

Prinzipientreue

Der Mensch neigt dazu, Informationen, die ihm nicht in den Kram passen, schlicht auszublenden. Das ist nichts Besonderes. Kognitive Dissonanz nennt man diese menschliche Weigerung, Abweichendes ins eigene Weltbild zu integrieren. Ist doch klar, wir wollen, dass unsere Weltsichten bestätigt und nicht erschüttert werden: Denn nach Sicherheit – innerer wie äußerer – strebt jede Existenz. Zu diesem Reflex gesellt sich jedoch im deutschen Wesen eine volkscharakterliche Eigenart, die bei uns auffallend oft in den Rang einer veritablen Unsitte hineinreicht: eine Art unknackbare Überzeugungshärte in weltanschaulichen Fragen. Und viele sind auch noch besonders stolz auf ihre ideologische Unbeugsamkeit, da sie vor allem eines verabscheuen: Wendehälse, die gestern dies und heute das Gegenteil behaupten. Sie selbst erkennen in den eigenen, für die Ewigkeit gezimmerten Überzeugungen niemals Schwäche oder Ignoranz, sondern stets nur den Triumph eines harten, aber unverwechselbaren, höchstpersönlichen Weges. Das Sinatra-Postulat des Individualismus soll in ihnen erfüllt sein: »I did it my way!« In Wahrheit verhindert der Zug zur Prinzipienreiterei, Erbsenzählerei, Korinthenkackerei mehr, als er uns eröffnet. Denn das Leben wird arm und klein, wo keine Aufgeschlossenheit und Inspiration, kein Eingang besteht für das Neue, Andere. Aber das ist uns zweitrangig. Eher meinen wir, unumstößliche Prinzipien zu haben, künde von wahrem Charakter.

Menschlich groß, aber nicht besonders deutsch ist es, von einmal festgelegten Überzeugungen abzurücken und sich eines Besseren belehren zu lassen. Aber wer zu allem immer schon die Antwort parat hat, wird auch für seine Nächsten zum Schreckgespenst, mit dem keiner gerne diskutiert.

Zusammenkünfte deutscher Überzeugter heißen zwar oft *Diskussion,* sind es aber nur äußerst selten. Sie sind in der Regel unergiebig, weil nicht ergebnisoffen. Einen Austausch, bei dem am Ende die eigene Meinung nicht dieselbe sein *muss* wie zu Beginn und den man mit erhobenem Haupt auch dann (ja gerade dann) verlassen kann, wenn man einen Punkt revidiert hat, empfinden wir als schändliche Schwäche. Das Prinzip hat bei uns weit höheren Kredit. Vielleicht ist es unterbewusst irgendwie verbunden mit der alten Kirchentugend der Glaubensfestigkeit?

Auch weil nirgends sonst so viel Unsicherheit und Zerrissenheit ist wie unter Deutschen, baut der Geist sich Burgen aus Beton: Das »Ich mache das aus Prinzip nicht – Schluss, aus, fertig!«, das »Das würde ich niemals tun!« und das trotzige »Ich würde immer wieder so handeln« aus der Rückschau – das schafft Sicherheit und wird zur typischen deutschen Art, die Welt da draußen zu ordnen. Unter die ordnende Kraft des Prinzips wird die Realität gefasst – und wehe, ein Zipfelchen blickt unter der gusseisernen Form hervor: Dann wird die Realität zurechtgestutzt. Auf keinen Fall wird die Form vergrößert oder angepasst. Sie könnte ja Risse bekommen oder vollends in die Brüche gehen. (→Strandburgen)

Private Ordnungshüter

Kennen Sie Horst-Werner Nilges? Knöllchen-Horst genannt? Nein? Dann können Sie froh sein. Horst-Werner Nilges, wohnhaft in Osterode im Harz, ist Frührentner. Ihm war etwas langweilig und so kam er auf die Idee, der Polizei dort ein wenig nachzuhelfen, wo sie ihren Job nicht gut genug machte. Im Straßenverkehr zum Beispiel. Mit Schreibblock und Kuli begab er sich auf Streife und ahndete alles Mögliche. Das war sein Hobby. Jahrelang war kein Falschparker in Osterode vor ihm sicher. Er notierte, wie lange jemand im Halteverbot stand oder dass jemand ein Verkehrszeichen missachtete – und meldete es eifrig. Am Ende brachte »Knöllchen-Horst« es auf 15 Anzeigen am Tag. Dann wurde er selbst aus dem Verkehr gezogen – und kam wegen verschiedenen Falschanzeigen vor Gericht. Zwar beteuerte er in einem Prozess am Amtsgericht, dass er die Leute nur zur Gesetzestreue habe bringen wollen, aber am Ende half ihm sein Ordnungssinn nichts: Er wurde wegen falscher Verdächtigung zu 15 Tagessätzen à 40 Euro verurteilt.

Ordentliche Deutsche wie Horst-Werner Nilges gibt es überall in diesem Land. Sie lauern hinter Gardinen und Litfaßsäulen oder beziehen unter Kanaldeckeln Stellung – auf dass ihnen kein Verkehrssünder durch die Lappen gehe. So viel *law and order* geht selbst Richtern zu weit: »Ein Privater«, heißt es in einem Urteil aus Hessen, »der nicht nur in Einzelfällen als gewöhnlicher Zeuge Ordnungswidrigkeiten zur Anzeige bringt, sondern die zuständigen Behörden in einer Regelmäßigkeit wie im vorliegenden Fall zur Einleitung von Bußgeldverfahren veranlasst, nimmt eine Stellung ein, die der eines Verwaltungshelfers ähnelt ... Eine Übertragung dieser Tätigkeit auf Private sieht das Gesetz nicht vor.«

»Warum nicht?« könnte Knöllchen-Horst fragen. Nennt man nicht andernorts genau dasselbe Handeln Staatsbürgertugend und Subsidiaritätsprinzip? Bekommt man dafür nicht das Bundesverdienstkreuz oder wird wenigstens zu Jauchs »Menschen 2007« eingeladen? Was der Mann jetzt tut? Vielleicht geht er als Hilfssheriff zum Karneval. Oder er trägt sich mit Auswanderungsgedanken nach Nord-Korea. Wahrscheinlich ist er erst einmal abgrundtief beleidigt. Hat's doch nur gut gemeint.

Provinzraser

Ausgerechnet an den kleinsten, abwegigsten Routen, Vizinal-Straßen oder geteerten Feldwegen der Republik stößt man immer wieder auf Sterbekreuze am Straßenrand. Kreuze, die an hier verunglückte Menschen erinnern. Das sind tatsächlich nicht, wie man vorschnell annehmen könnte, irgendwelche im bergigen Gelände unerfahrenen holländischen Touristen, die hier ihr Leben ließen, sondern fast immer durch und durch ortskundige Einheimische, verunglückte Junglandwirte, oft noch jugendliche Discoheimkehrer, die keine zwei Kilometer von der Unfallstelle zu Hause waren und hier zu schnell in die Kurve gingen. Nirgendwo auf der Welt mehr als hier, in der hintersten Provinz, in der absoluten Hinterwelt, scheint der Drang nach Beschleunigung des Daseins größer und ausgeprägter zu sein. Um der Gemächlichkeit zu entrinnen, geht man ans Tempo-Limit. Auch die hier vielerorts aus den Hofdächern herausragenden *Ferrari*-Flaggen künden vom selben Drang: Ausgerechnet hier, wo – für den Großstädter – so viel unbezahlbare Ruhe, ja meditative Entlastung herrscht, tobt Ausbruchsstimmung, Hass auf die Zurückgebliebenheit, die mittels Vollgas wieder wettgemacht werden soll. Nirgends sonst wird das Lebensgefühl so über das Auto ausgedrückt, nirgends sonst gibt es so viele tiefergelegte, aufgetunte Mittelklassewagen wie auf dem deutschen Land. Tatsächlich, es sind die, die hier tagtäglich ihr Dasein fristen, die wie die Bekloppten durch die Gegend brettern, furchtlos, ihr Leben verachtend. Das Mittelgebirge, die Provinz: nur für die anderen eine Projektionsfläche der Glückseligkeit fernab globalisierter Hektik. Wer hier lebt, sucht weitaus weniger Ruhe und Gelassenheit, sondern wäre froh, es ginge ein bisschen hektischer, modischer zu. Tut es aber nicht. Also tut man das Seine, zu entfliehen, und drückt aufs Gaspedal. Stillstand als Schmerz, Dynamik aus Verzweiflung. (→Deutsche Langeweile, →Sonntagsfahrer sein)

PUR

Lazy Sunday Afternoon. Sie sind gut ausgeschlafen, lieben Ihren Partner und Ihre Kinder. Sie sind ausgeglichen und im Frieden mit der Welt. Sie rollen sanft bei 120 km/h auf einer deutschen Autobahn, die Landschaften, die an Ihnen vorbeifliegen, sind typisch. Die Mailuft ist lau und riecht nach Lebensfreude. Keiner drängelt. Sie fühlen sich behaglich hinterm Steuer, lächeln milde, haben Ihr Lieblingsradio eingeschaltet – und plötzlich hören Sie es. Ein Harnisch lähmenden Entsetzens legt sich um Ihre Brust – wie Eisenringe. Heinrich, der Wagen bricht! Rechts ranfahren? Warnblinkanlage einschalten? Notrufsäule ansteuern? Nein, nur ruhig bleiben. Gaaaanz ruhig. Alles wird gut. Sie denken an Pfarrer

Fliege, Frau Antje und Mutter Beimer. Hilft nichts. Ihre Hände umklammern das Lenkrad, als wollten sie es ausdrücken wie eine Tube Senf. Schweiß tritt auf Ihre Stirn. Ihnen bleibt die Luft weg und es wird Ihnen schwarz vor Augen. Ihr Auto kommt gefährlich ins Schlingern, denn Sie hören es immer noch. Sie wissen, das ist PUR mit Leadsänger Hartmut Engler, wohl die erfolgreichste deutsche Popband aller Zeiten. Die aktuelle CD heißt »Es ist wie es ist«. Und es kommt wie es kommt – in diesem Fall dicke. Einem Ertrinkenden gleich tasten Sie wie von Sinnen das Armaturenbrett ab, ihre Rechte fingert fahrig die Lüftungsschalter auf und ab, tastet erfolglos nach einem Beißgummi im Handschuhfach. Sie blicken nach unten, dann wieder nach oben. Zu spät. Sie sehen nur noch eine Betonwand. Reifen quietschen. Und dann ist alles dunkel.
Sie wachen auf. War doch nur ein Alptraum. Aber was für einer! (→Turbo 50, →Yellow River)

R

Raumschmuck

Der Deutsche liebt Teller an den Wänden, Salzteig-Kränze, Dürers betende Hände über dem Schirmständer im Flur, Geweihe, Makramee-Eulen, Setzkästen, aber auch jede Menge moderne, abstrakte Kunst. Vom persönlich bekannten Regional-Picasso. Und wenn da keiner zur Verfügung steht, dann halt ein Kaufhof-Manet über der Leder-Eckgarnitur, Andy Warhols tolle Tomatendose oder das Schwarz-Weiß-Foto mit den Bauarbeitern, die auf einem New Yorker Wolkenkratzer in schwindelnder Höhe auf einem Stahlträger hocken und Brotzeit machen. Alternativ ein Neger mit →Saxophon. Auf dem Boden im Wohnzimmereck gerne auch Kugeln in verschiedenen Größen und aus verschiedenen Materialien. Ton, Holz, Metall. Denn: Kugeln sind immer gut.

PRIVAT!

Sabine Christiansen

... hat sich inzwischen ja von selbst erledigt. Beleg dafür, dass es in seltenen Fällen auch Selbstheilungskräfte im deutschen Volkskörper gibt. Na bitte, geht doch.

Saxophon

Gibt es in Deutschland eine öffentliche Festlichkeit, die mit Kultur zu tun hat und bei der moderne, freie Kunst zum deutschen Menschen kommt – eine Preisverleihung, eine Vernissage auf dem Freiburger Vauban-Gelände oder auch nur eine Fotoausstellung im Foyer der Kreissparkasse Velbert – dann ist der Saxophon-Mann nicht fern. Meistens überrascht er das Publikum nicht, indem er auf die Bühne tritt und loslärmt, sondern indem er schon draußen im Foyer loströtet und fortwährend weiterquäkend durch eine Nebentür in den Festsaal kommt, sich also mit kalkuliertem Überraschungseffekt im Rücken des Publikums anschleicht, sich schlendernd und saxophonierend der Bühne nähert und sie schließlich betritt. Max Goldt hat einmal die für diesen Zusammenhang brauchbare Beobachtung gemacht, dass das Saxophon bei uns als der Inbegriff des Verrückten gelte. Es müsse daher immer dann herhalten, wenn ein Produkt – ob Haarspray, Deo oder Berufsanfänger-Konto – an den Mann gebracht werden müsse, das vom Mythos lebt, es gehöre einer Welt an, in der es irgendwie verrückt zugeht. Dabei werde das unschuldige Instrument in nahezu allen Fällen von einem »schrill quäkenden, barkeeperähnlichen, den Unterleib nach vorne stemmenden und manhattanhaft-energetischen Saxophonisten« malträtiert. Das Saxophon ist ein frühes Symbol des Schrägen, Unangepassten, Nonkonformen – aber so eingemeindet, abgewetzt und entschärft, dass es sich nun auch für die Eröffnungsveranstaltung des neuen Reifencenters im Industriegebiet Dickenhardt bei Villingen-Schwenningen eignet. Wo viel Deutschland, ist viel Provinz. Und wo viel Provinz, ist noch immer viel Saxophon. (→Musikalische Umrahmung)

Schlemmen

Leute, die von ihrer Vorliebe fürs »Schlemmen« erzählen (und wahrscheinlich zu Hause auch einen »Schlemmeratlas« stehen haben), lesen sicher auch den *Feinschmecker* und verstehen ziemlich sicher was von frittierten Krustentieren, Optionsscheinen und Umlaufrenditen. Dafür aber nicht unbedingt etwas vom guten Essen und Trinken. Woran man sie schnell und eindeutig erkennen kann. Und ihnen somit elegant ausweicht, bevor sie losschlemmen. (→Lodenbemäntelung, →Mittelstandskultur)

Schnäppchenjagd

Was erfinden Unternehmen nicht alles, um uns Sparsame dranzukriegen? Coupons, Treuetaler, Rabattmarken, Payback-Punkte, Kunden-Cards – alles, um uns Konsumenten bei der Knauser-Mentalität zu packen. Auch wenn sie schon totgesagt ist: Keine Religion findet bei uns mehr Gefolgswillige als →»Geiz ist geil!«. Denn wir sind heillose Preisvergleichs-Fetischisten. Wo die Nordamerikaner – wenigstens nominell – ihrem Glück (»Pursuit of Happiness«, Hamilton, Madison, Jay) oder gar der puren Lust auf den Fersen sind (»We chased our pleasures here, dug our treasures there«, Jim Morrison), jagen wir vor allem einem nach: dem Schnäppchen. Der Begriff ist in seiner Bekloppheit nicht zu überbieten und trifft unser Wesen, wo es ganz und gar deutsch blöde ist. Klar, auch andere Völker gehen auf diese Jagd, aber nirgends wird für den Schnäppcheneffekt ein solcher Aufwand betrieben wie bei uns, und nirgends fügt er der Volkswirtschaft solche Schäden zu. Nirgends geht den Leuten dermaßen einer ab, wenn am Ende das →Preis-Leistungs-Verhältnis nicht nur irgendwie stimmt, sondern so ausfällt, dass wir für 19 Euro nach Barcelona fliegen, für 299 Euro eine Woche Hurghada mit Hotel und für 1,99 einen Schuhabtreter bei →Aldi kriegen. Nicht die Woche Hurghada ist des Deutschen Glück, sondern dass er sie zum Schnäppchenpreis erhält. Dann ist Weihnachten bei uns, wir sind ausgeglichen, fremdenfreundlich und helfen der Oma über die Straße. (→Benzinpreisgejammer, →Geiz)

Schrebergärtnerei

Schrebergärten sind öde Orte. Ihr Zentrum bildet – zumindest im Westen – eine Deutschlandfahne (oder die von *Ferrari*), daneben steht gleich das Gartenhäuschen. Wenn es aufgeschlossen ist, wird kontrolliert, ob genügend Brennholz da ist, ob der Bundeswehrschlafsack noch unter der Eckbank liegt, dann pfeift man sich ein Schnäpschen rein, hockt sich aufs Chemieklo und liest die →BILD-Zeitung. Oder isst was. Schrebergärtner sind Selbstversorger, die selten warm und alles mit dem Taschenmesser essen. Dosenwurst ist wichtiger Bestandteil ihrer Nahrung, und scharfer Senf. Dazu essen sie trockene Kaiserbrötchen aus dem roten Neuner-Netz. Zum Wochenende decken sie sich mit einer Palette

Büchsenbier ein, zur Feier des sechsten und siebten Tages gibt es ein großes Marzipanbrot. Der Schrebergarten wird gerne von Mopedfahrern im Vorruhestandsalter angesteuert, deren Fahrzeug über beidseitig angebrachte Satteltaschen verfügt oder über einen im Eigenbau gefertigten Holz- oder Metallcontainer auf dem Gepäckträger oder noch stimmiger: zweirädrige und zumeist ebenfalls selbstgefertigte Anhänger, die mittels Anhängerkupplung mit der Zugmaschine verbunden sind. Häufig sind gut gefederte, breite Sättel auszumachen, die das oftmals wuchtige Gesäß des Schrebergärtners weich betten. Über dem zersausten Schopf tragen ihre Fahrer manchmal orangefarbene Sturzhelme, die sie gerne auch Stunden nach dem Ende der Fahrt noch aufhaben. Im Lendenbereich wattierte Nato-Westen, Stahlkappenschuhe mit Profilsohle. Ihr Habit ist so gewählt, dass sie eine Freiluftübernachtung nicht weiter anficht. Schrebergärtner sind oft scheue Menschen, sie ziehen sich ins Refugium zurück, um der Welt zu entfliehen. Ihr Temperament ist phlegmatisch, behäbig, einsilbig. Es sind Menschen, die auch ohne Kleinholz Feuer machen können, ohne Öffner eine Bierflasche zu entkorken wissen. Eher schwermütige Typen, die ihr musisches Bedürfnis noch immer über weiße taiwanesische Transistorradios mit Handschlaufe befriedigen. Ted Herold steht bei ihnen hoch im Kurs und Johnny Hill – Musikanten, deren Gesänge gewöhnliche Musikhändler oft seit Jahren nicht mehr im Sortiment führen. Schrebergärtner haben mit dem Thema »Sex« in der Regel abgeschlossen. »Ach, Weibergeschichten«, sagen sie und winken ab. Andererseits studieren sie gerne ausgiebig und mit zusammengekniffenen Augen das Mädchen auf der ersten Seite der BILD, wobei sie die Zeitung so lange in die Nachmittagssonne halten, bis der beste Ausleuchtungsgrad des Farbbilds erreicht ist. Dann legen sie das Blatt beiseite und tun das, was sie am besten können: Holz spalten. Den ganzen Tag lang. Muss das wirklich sein? (→Militarisierung der Gartenwelt)

Sitzpinkelnde Männer

Der geneigte Leser, vielmehr: die geneigte Leserin wundert sich an dieser Stelle vielleicht. Ist es nicht eine Errungenschaft, könnte sie mit Recht einwenden, dass durch vielerlei Hinweisschilder, verbale Maßregelungen und allgemeine Volksaufklärung deutsche Männer heute nur noch in der Kneipe oder beim Urologen im Stehen pinkeln? Eigentlich schon. Dennoch verbirgt sich hinter der statistischen Zunahme männlicher deutscher Sitzpinkler ein Phänomen, das durchaus mit einer um sich greifenden Unsitte in Verbindung gebracht werden kann. Denn vielfach ist das angeordnete Sitzpinkeln für Männer eine feministische Errungenschaft, die sich am Ende kontraproduktiv auswirkt: Frauen, die aus Männern Sitzpinkler machen wollen, tun sich keinen Gefallen. Das leuchtet nicht unmittelbar ein? Damit es einleuchtet, sei ein Beispiel herangezogen. Man stelle sich einmal einen Mann und eine Frau vor, zwischen denen sich das große Abenteuer der Liebe abspielt: etwa die 29-jährige Berliner Heilpraktikerin Kerstin und den Hollywoodschauspieler Brad Pitt. Nach einer Premierenfeier am Rande der Berlinale würde er zu einer Liebesnacht mit in Kerstins Appartment in Berlin-Mitte kommen. »Wo ist denn bei Dir die Toilette?«, würde Brad fragen und Kerstin zärtlich übers Haar streichen.

»Im Flur, letzte Tür links!«, würde Kerstin antworten. Brad würde das WC finden (→WC-Flachspüler), und Kerstin würde ihm hinterherrufen: »Aber bitte im Sitzen pinkeln!« Glaubt irgendjemand in diesem Land, Brad Pitt würde die Liebesnacht unter solchen Umständen fortsetzen? Oder besser: fortsetzen *können*? Unmöglich. Brad Pitt würde zwar im Sitzen pinkeln, dann aber spornstreichs das Weite suchen. Das kann nicht im Sinne der deutschen Frau sein. Sicher nicht. (→Herrenschlüpfer mit Eingriff)

Smart fahren

Wiewohl erfunden von einem Schweizer, ist der Smart doch ein durch und durch deutsches Auto – sozusagen das →Liegefahrrad unter den PKW. Um die Smart-Gesinnung zu verstehen, muss man sich klarmachen, dass dieser Kleinwagen nicht etwa, wie allgemein vorgetäuscht wird, aus purer Umweltfreundlichkeit geschaffen wurde, sondern aus piefigen Prestigegründen. Er ist weniger ein Ökoauto als ein Zweitwagen – vielleicht der eindeutigste Zweitwagen, den es je gegeben hat. Einen Smart kauft (seiner Frau), wer schon ein richtiges Auto hat, am besten einen großen, dicken bequemen Mercedes-Benz. Er ist also in erster Linie ein Symbol für Besserverdienende, die damit protzen können, dass sie in der Lage sind, sich den Achtzylinder und auch noch andere prestigeträchtige Primäranschaffungen zu leisten: eine Yacht am Bodensee, ein Ferienhaus an der Algarve oder eine neue Golfschläger-Garnitur. Der Smart ist nicht so sehr Fortbewegungsmittel als vielmeher Existenzbeweis eines anderen, größeren.

Der Smart ist ein Untersatz für Leute, die sich für clever halten. So clever etwa wie einst Lothar Späth. Der Smartfahrer weiß vieles besser als andere. (→Besserwissen) Er schlägt dem üblichen Schicksal des Autofahrers in der *rush hour* unserer Großstädte ein Schnippchen, wenn er flink wie ein Wiesel den schwerfälligen Luxuslimousinen ausweicht, sie ausbremst, umrundet und sich bald einen Parkplatz schnappt, indem er noch in kleinste Lücken vorstößt – und zwar quer. Der Prototyp des Smartfahrers ist eine Mischung aus Paulchen Panter, Phil Collins und Louis de Funès. (Umweltminister Gabriel kommt nicht in Frage, denn der passt nicht rein.) Im nervösen Höllenschlund der Großstädte hisst der Smart die Flagge des guten, richtigen Lebens. Sein gewiefter Fahrer verlässt ihn nach dem Quer-Einparken mit Siegerlächeln und tiefer Genugtuung. Er gefällt sich darin, als augenzwinkernder Schalk große und kleine Verkehrsprobleme zu meistern, indem er sie umkurvt. Fast scheint es so, als schwebe über seinem Vehikel so etwas wie eine kleine brennende Glühbirne, die, wie im Comic, den anderen Verkehrsteilnehmern mitteilt: Hier fährt Köpfchen mit. Und genau dieses bestgelaunte Gewusst-wie-Lächeln macht ihn am Ende hassenswert – besonders, wenn er es auf der Überholspur unserer Autobahnen spazieren fährt.

Solarzellen auf alten Schwarzwalddächern

Im Bundestagswahlkampf 2005, der mit Merkel und Münte endete, konnte man ein Plakat der Grünen zur sogenannten »Mach-mit!-Aktion« sehen, auf dem zwei wunderhübsche alte Schwarzwald-Bauernhäuser inmitten wunderschöner Naturlandschaft abgebildet waren.

Die großen Dachflächen beider Höfe waren komplett mit Solarzellen bestückt. Drunter stand »Weg vom Öl«. Nicht drauf stand: »Hin zu ekelhaften Dächern«.
Solarzellen auf Schwarzwalddächern – das ist einmal mehr die Kollision von Ökologie und Ästhetik, bei der so oft die Letztere das Nachsehen hat. Denn auch das ökologisch korrekt gebaute Haus ist Abkömmling jenes emanzipatorischen Denkens der neuen Innerlichkeit, das mit 1968 über uns kam. So wertvoll und wichtig die Inhalte im Einzelnen auch sein mögen: Diesem Denken war von Anfang an alles Äußere grundsätzlich suspekt. (→Innere Werte) Es erschien nur als Ablenkung vom wahren Wesen der Dinge. Formale Aspekte wurden programmatisch ausgeblendet. Sie waren insgesamt in Misskredit geraten, weil alle Ästhetik von der Ideologiekritik nur noch als kapitalistische Warenästhetik aufgefasst wurde: Die ganze Welt der Schönheit, sie war bald nur noch eine einzige Werbelüge, die es zu entlarven galt. Das ökologische wie das linke Denken in seinem ästhetischen Purismus hat jedoch nie die Notwendigkeit erkannt, eine ästhetische Alternative zu entwickeln. Man hielt Fragen der Verpackung für vernachlässigenswert. (Das hat man mit →Aldi, Lidl etc. gemein.)
Nicht dass die etablierte, herkömmliche Ästhetik des Kapitalismus nur die pure Formvollendung kennt, ganz im Gegenteil. Sie überzeugt oft genauso wenig (→Fußgängerzone). Weil aber auch das Nicht-Gestaltete irgendwie gestaltet werden muss und dafür keine Idee vorliegt, ist gerade die alternative Ästhetik in aller Regel indifferent, orientierungslos, wenn nicht vollends hässlich. Statt Schönheit *und* Ökologie erhält man Umweltfreundlichkeit um den Preis der Schönheit. Mit der neu-

en Energie auf dem Dach freut sich die Lunge, dafür ist jetzt das Auge beleidigt. Den Teufel mit dem Beelzebub austreiben, nennt man das wohl. (→Windräder)

Sonne pur

Es gibt nichts, was Deutsche lieber täten, als draußen zu sitzen. Von morgens bis abends. Vor allem lieben wir etwas, das andere für gar nichts Besonderes halten: frische Luft. »Wart Ihr heute schon an der frischen Luft?«, wurde man früher als Kind gefragt und war ein »Stubenhocker«, wenn man Nein sagte. Wir wollen im Sommer draußen essen: auf dem Balkon, im Garten oder inmitten von →Plastikbestuhlung im gastronomischen Außenbereich. Deutsche sitzen in der Sonne – ab 10 Grad Außentemperatur, und auch dann noch, wenn andere froh sind, dass es Schatten gibt. Nirgends sonst wird so viel Wert gelegt auf Seeblicke und Panorama-Terrassen: Die Sonne ist ein deutsches Erlösungssymbol, Erlösung von der deutschen Kälte. Aber auch vom deutschen Mief. Deutsch sein hat immer auch etwas Ungelüftetes. Deswegen reißen wir die Fenster auf oder strömen gleich ganz raus in die Natur (→Naturfreundehaus): Wir sind Frischluftfanatiker. Nirgends gibt es so viele »Sonnenanbeter«, so viele Solartechnik-Fans, so viele Sonnen-Studios wie in Deutschland. Jedes Kaff hat ein Solarium. Wir bräunen uns im »beauty sun«, »Caribic Sun«, »sunpoint« oder »Sole mio«. Das sind die deutschen Pole: entweder vergeistigt, troglodytisch und kellerasselbleich oder durchgegerbtes Outdoor-Gespenst. Entweder dicke Luft – oder ab in den Assi-Grill, bis wir schwarz werden. Dazwischen ist wenig. (→Wellness-Wahn)

Sonntagsfahrer sein

Betagte Menschen sollten mit auf dem Rücken verschränkten Händen zu Fuß promenieren – und die letzte Woche (oder zumindest das Fernsehprogramm der letzten Woche) rekapitulieren. Aber manchmal wollen sie lieber just for fun ein bisschen ins Blaue. Anfangs neigt man dazu, sie für ihre Gelassenheit gernzuhaben. Aber nach fünf Minuten Stoßstange an Stoßstange ändert sich dieses Gefühl schlagartig. Aus dem netten betagten Herrn da vorne wird plötzlich ein seniler Volltrottel.

Sonntagsfahrer sind ältere deutsche Männer im Genuss einer verdienten Pension. Sie ruhen nicht am siebten Tage, wie der Herr sie geheißen, sondern unternehmen eine Landpartie. Dass sie dabei vorzugsweise schleichen, ist eine Volksweisheit. Sie konnte es werden, weil wohl jeder, der am Sonntag zum Dienst mit dem Auto verbannt oder sonstwie spät dran war, schon einmal die ausführliche Gelegenheit hatte, den deutschen Sonntagsfahrer aus nächster Nähe und ausgiebig durchs Heckfenster zu studieren. Das durchschnittliche Lebensalter des Sonntagsfahrers liegt bei 78 Jahren. Das entspricht der durchschnittlichen Lebenserwartung deutscher Männer. Der Mann im Wagen vor uns könnte also jeden Moment das Zeitliche segnen. Wahrscheinlich lässt er gerade sein Leben Revue passieren. Leider aber nicht uns. Stattdessen kriecht er vor uns her, seit einer halben Stunde schon. Auf flehentliche Blinkgrüße reagiert er genauso wie auf erschrockene Verkehrsteilnehmer, die ihn auf einen Fahrfehler (rote Ampel, Blinken vergessen, Geisterfahrt) aufmerksam machen wollen: mit Altersstarrsinn, also gar nicht.

Sein Fahrzeug ist nicht einfach ein Automobil, sondern eine Limousine: Ein Opel oder ein Subaru mit Stufenheck könnte das sein, oft auch ein Ford. Auf dem Beifahrersitz eine ondulierte Dame, die andere Verkehrsteilnehmer grundsätzlich mit einem empörten Was-haben-Sie-in-unserem-Wohnzimmer-zu-suchen-Blick mustert. Die meisten Sonntagsfahrer haben vor vielleicht fünfzig Jahren ihre Karriere als Autofahrer, wie die meisten anderen auch, mit einem Kleinwagen begonnen. Der war praktisch, und man konnte ihn sich leisten. Und weil das Temperament des Fahrers in jüngeren Jahren noch etwas leidenschaftlicher war, wurde das Auto ein ums andere Mal bis an die Grenze seiner Leistungsfähigkeit ausgefahren. Doch der Mensch wird älter und wechselt über die Jahrzehnte mehrfach das Auto – und das Temperament. Diesen Wechsel regiert ein eisernes Gesetz: Das nächste Auto darf auf keinen Fall kleiner sein als das letzte. Parallel zum beruflichen und sozialen Aufstieg vollzieht sich der Aufstieg auch im PKW-Bereich. Alles andere wäre ein Eingeständnis sozialen Scheiterns (→Mittelstandskultur). Zurück will keiner. Der Sonntagsfahrer schraubte also über die Jahre kontinuierlich seine PS-Stärke nach oben – bis zu einem paradoxen Moment: Die Pferdestärken, die ihm seine Motoren anbieten, werden immer mehr, gleichzeitig aber sinkt die Bereitschaft, sie auch tatsachlich einzusetzen. Am Ende herrscht der gemachte Mann über stattliche 150 PS, mag jedoch höchstens neun davon aktivieren.

Sonntagsfahrer sind in zwei klassische Schulen zu unterteilen. Zum einen die starken Idiorhythmiker: aufheulendes Anfahren, abruptes Abbremsen – selbst am Berg.

Sie bremsen ihr Gefährt grundsätzlich vor jeder Kurve auf Schrittgeschwindigkeit herab. Die anderen bevorzugen ein einheitliches Fahrtempo. Mit einer schlagenden Konstanz halten sie eine Reisegeschwindigkeit von etwa 62 Stundenkilometern – egal ob innerhalb oder außerhalb der Ortschaft, ob am Fußgängerüberweg oder auf der gut ausgebauten Schnellstraße. (→Provinzraser, →Verkehrserziehung auf der Autobahn, →Wagenpflege)

Sourire allemand

Auf dem Stuttgarter Hauptbahnhof muss sich einer Erzählung zufolge im Jahr 1946 folgende Szene abgespielt haben: Eine junge, adrette Frau aus der Provinz fragte einen Schaffner: »Von welchem Gleis geht denn mein Anschlusszug nach München?« Worauf sie der Mann an den Schultern packte, um die eigene Achse drehte, sie mit dem Kopf Richtung Fahrplan stieß und raunzte: »Do schtoht's!« (Da steht es!) »Land des Lächelns« wird bis heute nicht unser Deutschland genannt, sondern China – wenigstens seit Franz Lehárs gleichnamiger Operette. Graham Greene schrieb über das »sourire khmer« und meinte das bezaubernde Lächeln der Kambodschanerinnen. Zum Verfassen einer poetischen Schrift mit dem Titel »Le sourire allemand« hat sich bislang noch kein namhafter Autor veranlasst gesehen.

Ein schöner Essay in der verdienstvollen Zeitschrift *Psychologie heute* hat erklärt, warum das so ist. Und weshalb die Amis, die wir so oft oberflächlich finden, dauernd lächeln – und wir fast nie. Die Amerikaner seien Kontaktlächler, wir dagegen Anlasslächler, hieß es da. Die Amerikaner lächeln, damit das Aufeinanderzugehen erleichtert wird und ohne dass das Lächeln eine tiefere

Bedeutung habe, schreibt der Autor Jürgen Beneke. Wir dagegen blicken auch beim ersten Kontakt eher finster drein. Erst ein Anlass wie ein Bonmot oder eine aktive Nettigkeit des anderen holt uns aus der mürrischen Haltung heraus. Wenn diese Interpretation zutrifft, muss daraus geschlossen werden, dass wir ganz allgemein wenig Anlass zum Lächeln haben – denn in der Wahrnehmung von Fremden, die uns besuchen, lächeln wir nur selten. »Die Menschen in der Straßenbahn«, erzählte vor ein paar Jahren eine junge Chilenin über ihren Aufenthalt in Deutschland, sähen alle so aus, »als seien sie gerade durch eine Prüfung gefallen«. Tatsächlich heißt es ja von uns Deutschen, wir gingen zum Lachen in den Keller. Jetzt könnte man meinen, der Deutsche lächle wenigstens ein bisschen mehr, wenn er die Chance habe, damit Geld zu verdienen. Aber dem ist nicht so. Öfter als anderswo wird einem bei uns die Idee gründlich verübelt, in einem Geschäft oder Restaurant Geld auszugeben. Und zwar ausgerechnet von denen, denen wir es geben wollen. (→Kellner)

Spaghetti Bolognese

Ich war einmal in einem südbadischen Spitzenrestaurant. Es gab drei Menüs: einmal Rehrücken, einmal Rinderfilet, einmal Fisch. Hervorragende Küche, hübsches Ambiente. Am Nebentisch saß ein Paar mittleren Alters, das bis dahin einen beinahe vornehmen Eindruck gemacht hatte. Als die Bedienung kam, legte die Frau die Karte aus der Hand und fragte, ob sie denn auch einen Teller »Spaghetti Bolo« haben könne. Für Sekunden hörte alles Gemurmel, alles Tellerklappern und Besteckklirren schlagartig auf. Die Welt schien still zu stehen.

Draußen flogen Krähen schwirren Flugs zur Stadt. Bald sollte es schneien. Ich weiß nicht, ob sich das Lokal je wieder von diesem Schock erholt hat, ich weiß auch nicht, ob es der jungen Serviererin heute wieder besser geht. Amtlich ist nur, dass der deutsche Bolo-Boom in den Siebzigern einsetzte – und auch nicht durch die Carbonara-Welle der Achtziger beendet werden konnte. Bis heute ist daher »Spaghetti Bolo« neben →Nudelsalat und →Pizza Hawaii das dritte ur-deutsche Nationalgericht. In Italien gibt es zwar auch Sauce bolognaise, die dort »Ragù alla bolognese« heißt. Aber zum einen ist es dort unüblich, dazu Spaghetti zu essen – vielmehr werden Maccheroni, Penne oder Tagliatelle bevorzugt. Zum anderen wird das Ragout dort ganz anders zubereitet als das, was bei uns Bolo heißt. Nicht nur Hackepeter mit Lummeltomaten aus der Büchse, sondern Geflügelleber ist da drin, auch Bleichsellerie, und als Gewürze außerdem Nelken und Muskatnuss. In deutschen WGs schüttet man dagegen gerne zwei Dosen Mais mit rein oder *Ma-Ling*-Dosenchampignons, und rundet mit einem halben Liter Sahne ab. Wer mag, kann noch Worchester-Sauce drüberhauen. Der Übergang zu »Chili con carne« ist fließend. Der zu Gussasphalt oder Sheba-Katzennahrung auch. Wir sind eben flexibel.

Sprechen und Schreiben »im übertragenen Sinn«

Originell und deutsch – das muss kein Widerspruch sein. Der deutsche Geschäftsmann, der sich ins Gespräch bringen, aber kein Geld für eine professionelle Werbekampagne ausgeben will, steht also noch lange nicht auf verlorenem Posten. Er strengt in der Kaffeepause einfach seine grauen Zellen an, und schon purzeln die Einfälle nur so auf die Papierserviette. Hätte man ihm gar nicht zugetraut. Zum Beispiel in Halle an der Saale. Dort gibt es den »etwas anderen Friseur« *Haarmex.de*. Der Slogan: *Wir schneiden günstiger ab*. Tja, da muss man erst mal drauf kommen. Kein Problem für uns Kreativitätsbolzen. Auch in Rottweil im Schwäbischen sind sie nicht auf den Kopf gefallen. Vor dem Schaufenster eines Schuhgeschäfts steht eine Tafel: *Orthopädische Einlagen? Ihr Schuhmachermeister sorgt für »gutes Auf-treten«*. Für die, die den Witz nicht kapieren, sind die →Anführungszeichen da. Toll. In Mainz gibt es die Qualitätsreinigung Maxima. Hier hat der Betreiber folgende Teufelei ausgebrütet: »Unser Hemdenservice – Bügeln Sie gerne Ihre Hemden? ... oder können Sie mit Ihrer Zeit etwas Besseres anfangen? Dann lassen Sie uns das machen! Der Preis pro Hemd: nur 1,75 Euro. Damit Sie Ihre Freizeit »unge-Hemd« genießen können.« »Unge-hemd« – genial. Und das ohne beratende Werbe-Fuzzis! So viel Kreativität steckt in unseren Unternehmern. Sie müsste nur noch öfter entfesselt werden. (→Kreativität, →Kalauer und Witzelsucht)

Stofftaschen, bedruckte

Deutsche verwenden dauernd Stofftaschen. Sie sind praktisch, man spart sich beim Einkaufen das Geld für die Plastiktüte (→Geiz), und sie sind ökologisch sinnvoll. Außerdem kann man sie waschen. Bei 30 Grad. In keinem Land der Welt sieht man so viele Menschen mit Stofftaschen herumlaufen. Nicht nur zum Einkaufen, in die Uni, an den Strand – auch abends zum Ausgehen kommt der Handbeutel mit. In der Regel sind diese

Stofftaschen bedruckt und dienen als Werbe- oder Bekenntnisfläche – aber da sie von einer wesentlich höheren Beständigkeit sind als Plastiktüten, wird der Aufdruck bald etwas, das man direkt mit dem Träger identifiziert: Jörg läuft immer mit der roten Tasche von »Buch Habel« rum, auf der »Ich lese!« steht; Brigitte hat eine schwarze, auf der »Brotmuseum Ulm« steht. Soll ich heute zum Einkaufen die mit »Genfood? Nein danke!« nehmen oder lieber die mit »Frankfurter Buchmesse«? Prestigeträchtiger sind natürlich die, auf denen »Mo-Ma« steht oder »Berlinale 2007« – und dann hab ich noch eine, auf der »Yoga« steht. Mit der geh' ich heute Abend aus. Mal seh'n, was passiert. Praktisch sind sie schon. Aber schön ist etwas anderes. (→Kulturbeutel)

Strähnchen

»Da kann man heute doch so viel machen!«, sagen Friseure zu ihren frustrierten Kundinnen, greifen ins Haar und rühren die Farben an. Strähnchen. Vorzugsweise ins Haar jener vielen, die über die deutsche Volkshaarfarbe, das sogenannte »straßenköterblond«, verfügen und darüber nicht gerade glücklich sind. Strähnchen haben hauptsächlich Frauen ab 50, die im Supermarkt arbeiten, dreiviertellange Leggings tragen und seitlich geschlitzte XXL-T-Shirts über den Po ziehen. Die anderen sind Profi-Fußballer ab 20. Von geradezu ethnologischem Interesse ist die Beobachtung, dass die Intensität in der Haarkolorierung im deutschen Westen im Allgemeinen wesentlich geringer ist als im Osten, wo weitaus kontrastreicher gefärbt wird. Auch scheint es, im Westen solle das Styling eher natürlich aussehen, während man im Osten kein Problem damit hat, Farbe zu bekennen. Bankangestellte in Gothic-Pechschwarz sind dort keine Seltenheit, oder vollends junge Frauen, die zu ihrer Arbeit im Callcenter schwarz-rot-goldgelb gescheckt erscheinen. Bunte Republik Deutschland. (→Kurzhaarfrisuren in Klimakteriums-Aubergine)

Strandburgen

Wenn Menschen irgendwo am Meer einen schönen Ort gefunden haben, träumen sie gerne davon, ihn ganz für sich haben – und zwar für immer. Das ist normal. Nicht normal ist es, wenn sie sich tatsächlich daranmachen, Teile dieses Paradieses in ihren persönlichen Besitz zu überführen. Das aber tun Deutsche – egal, ob in Dänemark, in Holland oder auf den Kanaren. Gerade die kilometerlangen Strände von Fuerteventura sind für viele Deutsche das Paradies auf Erden. Deswegen laufen sie dort nicht nur grundsätzlich nackt herum, sondern legen auch aus herumliegenden Lavasteinen mörtellos aufgeschichtete Strandburgen an. Steht die Burg, verbringen viele den ganzen Urlaub damit, sie zu bewachen. Oben raus flattert dann oft eine Fahne im Passatwind, mit der der Burgherr seinen Lokalpatriotismus ausdrückt: Wimpel von Berlin-Brandenburg sind dabei, mal einer von Niedersachsen, oder die blau-weißen Rauten des bayerischen Freistaats.

Bei der Abreise wird die Burg dann so verrammelt, dass sie praktisch uneinnehmbar ist. Jedes Mal, wenn sie wiederkommen, wird die Burg ein bisschen perfekter ausgebaut. Improvisierte Küchenzeilen gibt es schon, ein Not-WC, mobile Flak-Einheiten. Wer schon mal da war, weiß, dass die deutschen Burggrafen mit ihren Partnerinnen in aller Regel →nackt in oder vor ihren Festungen auf Klappstühlen hocken – und grillen oder Sudokus lösen. Neuerdings gibt es Reservierungsschilder am Äußeren der Strandburgen. Für den Fall, dass ein anderer sich die Strandburg unter den Nagel reißt, gibt man darauf kund, ab wann man wieder da zu sein gedenkt und seine Ansprüche auf die Burg geltend machen wird. Zur Not mit Waffengewalt. Spätestens dann sollte der Ort also von →Unbefugten geräumt und →besenrein hinterlassen sein. (→Pool-Liegen besetzt halten)

T

Tanzstunde

Getanzt wird überall auf der Welt, zu allen Tages- und Nachtzeiten. Aber in wirklich geordneten Bahnen verläuft es nur bei uns. Damit Tanz nicht zum Emotionsausdruck verkommt, gibt es deutsche Tanzlehrer. Der »Jugendtanzbereich« boomt, wie die Präsidentin des nationalen Tanzlehrer-Verbandes sagt – und nirgends auf der Welt gibt es so viele Tanzschulen wie im deutschsprachigen Raum. Man kann es kaum glauben, dass im Techno-Zeitalter immer mehr deutsche Jugendliche in die erste Tanzstunde in ihrem »Freizeit- und Tanzcentrum« (→C statt Z) strömen. Sie glauben offenbar wirklich, wer einen Partner abkriegen wolle, müsse noch immer einen Tanzkurs absolvieren. Aber statt auf die Liebe ihres Lebens zu treffen, stoßen sie auf gut erhaltene 50-jährige Tanzlehrer (→Wagenpflege) mit Porzellankronen im Frontzahnbereich und gezupften Augenbrauen. Um im Land des Lächelns anzukommen, also dort, wo sich der Tanzmeister schon trefflich auskennt, muss der Heranwachsende allerdings durch eine Reihe schwerer Prüfungen. Zwar gibt man heute die erste Tanzstunde für »Beginner«, um die Brutalität des Wortes »Anfänger« zu vermeiden, aber jedem ist klar, was das heißt – etwa soviel wie »Nichtschwimmer«.

Auf dem Parkett der ersten Tanzstunde riecht es bis heute nach parfümiertem Stress. Die von Scham geroteten Gesichter sind im bunten Scheinwerferlicht verborgen, bis das Licht angeht, der Tanzmeister erscheint und alle »Beginner« mit dem Mikrophon begrüßt. »Du bist sehr jung. Du hast Angst. Du bist gehemmt. Es ist das erste Mal für Dich in einem Tanzkurs, Du bist unsicher, wie das andere Geschlecht auf Dich reagiert …« Nach solchen Worten verdoppelt sich die Pein, anstatt sich zu verziehen. »Wenn ich damit aufgehört habe, zu Euch zu sprechen«, sagt der Tanzmeister bald an die Jungs gewandt, »dann wirst Du aufstehen und hinüber zu den Damen gehen, Du wirst mit der Dame Deiner Wahl in Blickkontakt treten. Du wirst Dich nicht auf sie stürzen, sondern sie höflich auffordern, Deine Tanzpartnerin zu sein. Du wirst ihre Hand auf die Deine legen, wirst sie am Arm langsam in den Kreis führen, und dann reiht Ihr Euch paarweise vorne auf. Auf geht's!« Jetzt ist Schluss mit lustig. Ein sozialdarwinistisches Hackordnungsszenario setzt ein. Alles, nur nicht die Dicke mit den Pikkeln. Irgendwann beginnt man wirklich zu tanzen. Gut möglich auf »Love is in the Air« des englischen Sängers John Paul Young, Foxtrott. Der Tanzmeister tanzt vor, natürlich betont elastisch in der Hüfte mit ausholenden Bewegungen. Seine Kalbsleder-Slippers polieren sanft das Parkett, während er laut die Schritte mitzählt. Das Todesurteil ist es, wenn man die Schrittfolgen nicht schnell genug kapiert. »Darf ich fragen, was Sie hier tun, junger Mann, Sauerkraut stampfen oder was?« Einzelunterricht *coram publico*. Wahrscheinlich abermals auf »Love is in the Air«. Der Tanzbodenkönig ergreift des Beginners Rechte und zwingt ihn mit sanftem Druck auf Hand und Schulter, den Foxtrott, den Mambo oder den Salsa zu tanzen, indem er selbst den Damenschritt übernimmt. »Rück, Platz, dap-ti-dap!« bellt er dazu und bedrängt den Beginner mit seinem gummiartigen Tanzlehrerleib, der aus der Nähe nach einer Mischung aus Davidoff-Rasierwasser und einer feinen Note Achselschweiß riecht. »Rück, Platz, dap-ti-dap!« – auch wenn der Beginner nicht recht weiß, wie er dem kraftvollen

Drängen des Tanzmeisters folgen soll, ohne Blessuren davonzutragen oder selbst welche zu verursachen. Wer so etwas überstanden hat, übersteht auch Guantánamo. (→Party pur)

Tattoo-Tata

Im Wiener Museum für Volkskunde hängt eine Tafel aus dem 18. Jahrhundert »Kurze Beschreibung der in Europa befintlichen Völckern und ihren Aigenschaften«. In der Spalte »Teutscher« steht unter »Tracht der Kleidung«: »macht alles nach«. Einer Umfrage zufolge sind über 40 Prozent der jungen deutschen Frauen zwischen 15 und 25 Jahren tätowiert oder gepierct, bei den jungen Männern sind es knapp 30 Prozent. Das ist genausoviel wie in den Ursprungsländern dieser Mode, den USA und Australien.

Entblößte Frauenbäuche in der Öffentlichkeit, freigelegt bis zum unteren Schamhügel – das lockt schon längst keinen deutschen Schäferhund mehr hinterm Ofen vor, und ebensowenig die nackte Kehrseite bis hinab zum Steißbein. Bis vor kurzem wurde das so entschälte Frauenzimmer gerne mittels eines Bauchnabel-Piercings verziert; und hinten – dort, wo beim PKW Nummernschild, AU-Plakete und TÜV-Stempel angebracht sind – sitzt bei der solcherart hergerichteten jungen Frau gerne ein tätowiertes Ornament, eine Art ethnologischer Heckspoiler, in der Szene »Tribal« (Stammesabzeichen) genannt, oder schlicht: »Arschgeweih« (AG). Die Variationsbreite – Girlanden, Fialen, Schnecken, Mäandern, Kreuzungen, Kreuzblumen, Schlangen, Schlingen und Verschlingungen – ist unermesslich, ihr Studium somit unerschöpflich. Am besten kann man die Körperzier noch heute vom Barhocker herab analysieren, etwa wenn Kim im »Crash« mal wieder ein Glas hat fallen lassen und sich mit Handbesen und Kehrschaufel bückt, die Scherben aufzunehmen. Oder im Supermarkt, wenn Cindy an die letzte Packung markenfreier Erdnuss-Flips (0,99 Euro) nur noch rankommt, indem sie sie auf allen vieren ganz hinten links aus dem ebenerdigen Regalfach fischt. Wie es mit den Tribals weitergeht ist ungewiss, denn nicht nur Tätowierer, sondern auch Tattoo-Entferner verdienen mittlerweile ihr Geld damit. Insgesamt hält der Trend aber an: Dieses Jahr lässt man sich im Urlaub in Lloret de Mar oder Phuket von Hernando ein chinesisches Schriftzeichen auf den Rücken oder die Wade stechen, das Energie, Feuer oder verzehrende Leidenschaft bedeutet. Oder auch schon zu Hause bei Berny in seinem Tattoo-Shop in Offenbach. Was wenige wissen: Manchmal gehen die Vorlagen auch verloren, und die deutschen Tätowier-Meister erfinden einfach Schriftzeichen, die chinesisch aussehen. Sie sagen zwar nachher, auf Sinas Schulter stünde jetzt »nicht endende Liebe« oder »verschmuste, schnurrende Katze« – aber eigentlich würde ein Chinese an dieser Stelle, wenn überhaupt etwas, eher den Schriftzug für »Dunstabzugshaube« oder »Lang lebe der Große Vorsitzende!« erkennen. (→Ethno-Travestie) Solange aber Sina nicht schulterfrei durch Nanking schlendert oder gar einen chinesischen Freund hat, ist das weiter kein Problem. Wichtig für sie ist nur, dass es ein ganz besonderes Motiv ist, das sie sich ausgesucht hat, dessen tiefe Bedeutung den anderen in der →Fußgängerzone aber verborgen bleiben soll. Beides steigert das Gefühl der eigenen Exklusivität.

Das Faible für die eingravierte Zeichenmystik kommt einmal mehr aus Übersee – und doch hat es hierzulande eine typisch deutsche Ausprägung. Es geht nicht nur um Schmuck und *body modification*, sondern – zumal in Leinfelden-Echterdingen, Wallau-Massenheim oder Treuenbrietzen – auch um Protest (selbst wenn der längst salonfähig ist). Und es geht darum, der eigenen Identitätsnot zu entkommen. Da haben wir es wirklich nicht leicht. Die alte regionale Identität der Heimat, sie verschwindet, und wo sie noch Spuren hinterlässt, wird sie längst als oberpeinlich empfunden. Was bleibt da? Die deutsche Jugend ist auf der Ich-Suche. Das Freiheitsversprechen des modernen Individualismus hat sich für viele in den puren Druck verwandelt. »Wer bin ich?« ist eine immer schwerer zu beantwortende Frage. Wer im Tohuwabohu einer haltlosen Zeit nicht auf ein starkes Ego zurückgreifen kann, wer bei dieser Wesensfrage wackelt, der landet oft bei den Tattoo-Meistern, die heute in jeder Dorfhauptstraße hocken. Wie bei der Westernstute das Brandzeichen soll das Tattoo endlich Klarheit über die Zugehörigkeit des gebrandmarkten Individuums schaffen. Ein für alle Mal. Die Tattoo-Manie einer ganzen Generation ist am Ende eine Reaktion auf eine tiefe Verunsicherung. Sie ist das Ergebnis einer Identitätssuche unter verschärften Bedingungen in einer Welt, die sich dem Einzelnen so frei und tolerant wie nie zuvor präsentiert, gleichzeitig aber auch so gleichgültig. Was bleibt da noch, außer sich selbst neu zu erfinden?

Tabu und Tabubruch

Bei uns gibt's von beidem richtig viel: berechtigte und unberechtigte Tabus. Moralische Schranken, die sittlich

gut und richtig sind, umgeben vor allem jene Bereiche, in denen wir Deutschen moralische Schuld auf uns geladen haben. Es gibt gute Gründe in diesem Land, keine *Witze über Juden* zu machen. Allerdings regieren Lachverbote auch Bereiche, wo wir es dann übertreiben – aus lauter politischer Korrektheit und wohl auch weil wir gebrannte Kinder sind. Da wird man dann schnell entsetzt angesehen, wenn man einen *jüdischen Witz* zum Besten gibt – wo ängstliche politische Unsicherheit regiert, leidet eben die Unterscheidungsfähigkeit.
Auch Witze über die Stasi sind aus lauter DDR-Betroffenheit jetzt tabu – während die unterdrückten DDR-Bürger sie seinerzeit dutzendfach rissen. Dasselbe galt bis vor kurzem auch für Hitler-Witze. Zugegeben, die Abwägung zwischen gebotener Vorsicht und befreiendem Humor ist oft eine Gratwanderung. Aber »auch ein Behinderter hat das Recht, verarscht zu werden!«, sagte mir mal ein Querschnittsgelähmter über jene von ihm nur als pure Ignoranz empfundene Dauerverschonung, die man ihm tagtäglich angedeihen lasse, nur weil er im Rollstuhl sitzt.
Das schlechte Gewissen hält uns so sehr im Griff, dass andere mit dieser deutschen Überempfindlichkeit längst ihre Späße treiben: etwa die Engländer. Sie finden es durchaus amüsant, dass die Deutschen zwei Weltkriege entfesselt haben, aber selbst höchst sensibel losheulen, wenn etwa Russen oder eben Briten, als direkte Opfer des Hitler-Krieges, zur atmosphärischen Auflockerung mal ein Nazi-Witzchen plazieren. »Don't mention the war!«, musste sich in der bekannten BBC-Serie »Fawlty Towers« aus den Siebzigern John Cleese in der Rolle des englischen Hoteliers Basil Fawlty immer wieder in Erin-

nerung rufen, als er für ein paar Tage eine Gruppe deutscher Urlauber beherbergte. Er verplappert sich trotzdem ein ums andere Mal, versucht durch schlechte Witze über die Nazis zu retten, was nicht mehr zu retten ist, und stürzt die deutschen Gäste in heftige Entrüstung, ja Depression. Er selbst als Angehöriger eines Opfervolkes hat das Kriegstrauma hingegen allem Anschein nach bestens überwunden.

Für die Kunst ist so viel Tabu natürlich klasse. Tabu reizt zur Provokation, zum Tabu-Bruch. Und davon lebt man ja zu einem großen Teil. Deutsche Berührungsverbote erschließen deutschen Künstlern einen profitablen Markt. Und so erweist sich selbst dieses Thema als zutiefst dialektisch: Wir sind so überkorrekt wie Religionspädagogen vor dem jüngsten Gericht, wenn es gilt, Tabus zu bewahren, wir sind Empörungsweltmeister beim geringsten Anschein einer Sphärenverletzung – aber umso ungestümer und fahrlässiger, wenn wir zum Befreiungsschlag ansetzen. Dann kommt oft Horror Picture Show heraus. In Schliengensiefs Theater etwa. Oder bei Walser, der sich zur eigenen Popularitätssteigerung für keinen Antisemitismus zu schade ist. Ja, selbst mit Hans-Magnus Enzensberger, der einst den Einmarsch der Amis in Bagdad kalkuliert antizyklisch bejubelt hat, gehen dann auf einmal die Pferde durch. Hätte man dann doch hier besser Basil Fawltys Ausruf beherzigt: Don't mention the war! Oder vollends jenen schönen, alten Spruch aus dem Lateinunterricht: »Wenn Du geschwiegen hättest, wärst Du ein Philosoph geblieben!«

Tchibo

Gehört eigentlich zum →Aldi-Lidl-Komplex, nur dass sich hier eine Unterart dieser Oberunsitte noch deutlicher abbildet: Man kauft hier noch eindeutiger nicht deshalb, weil man gerade etwas braucht, sondern weil es das bei Tchibo gerade so günstig gibt. Deshalb lagern zu Hause bald Gesichtsporenreiniger, Epilationsgeräte, Wannenrutschstopper, Bewegungsmelder-Badradios, Ultraschall-Zahnbürsten, Outdoor-Klamotten und anderes, ohne dass sie irgendwer benutzen würde. Und weil alle bei Tchibo kaufen, laufen bald alle Kinder im Kindergarten in exakt denselben Gummistiefeln und Regenjacken rum. Alle haben den roten Rucksack für 14,99 Euro: Anfänglich erschrickt man noch, weil man meint, jemand anderes hätte ihn entwendet, bis man sich daran gewöhnt hat, dass man immer wieder identisch ausgerüstete Menschen findet. Beim Laufen begegnet man zehn anderen, die den gleichen Jogging-Anzug tragen, und blickt betreten zur Seite. Tchibo hat seinen Preis: Man schämt sich. Aber das tun wir sowieso.

Traum, der deutsche

Nicht um den Traum geht es, den man ab und an nachts träumt, sondern um die Idee einer besseren Welt in des Deutschen Sehnsucht: Wir sehnen mehr, tiefer, schmerzerfüllter als andere, geographisch hin- und hergerissen zwischen Fern- und Heimweh, sehnend auch nach einem besseren Leben schon im Diesseits. Der amerikanische Traum ist eine politische Utopie, der deutsche Traum dagegen eher eine des Lebensstils. Kleinbürger träumen ihn, Angehörige des →Mittelstandes leben ihn. Wenn man sich überlegt, mit was Deutsche »Traum«

kombinieren, hat man sehr schnell ein deutsches Lebensbild beisammen: Dafür braucht es zuerst eine Traumfrau beziehungsweise einen Traummann, eben: einen Traumpartner, dazu einen Traumjob, ein Traumauto mit Traum-Nummer →Wunschkennzeichen, ein Traumhaus (mit traumhafter Aussicht) und einen Traumurlaub, in dem man an einem Traumstrand bei traumhaften Temperaturen traumhaften Sex hat. Nun sind andere Völkerscharen solchen Szenarien auch nicht gerade abgeneigt, doch so traumfixiert sind wohl nur wir Deutschen: In einem größeren Maß als die anderen scheinen wir unserem deutschen Grau entfliehen zu wollen, unserer Bettschwere, unserer Miesepetrigkeit. Nur dürfen auch deutsche Träume nicht zu viel kosten – weshalb wir dann doch bei →Lidl landen, denn da gibt es tatsächlich auch »traumhafte Sparpreise«. Allerdings gibt es bei uns auch viel mehr Alpträume als anderswo: »Alptraum Kunde«, »Alptraum Pauschalurlaub«, »Alptraum Benzinpreiserhöhung« … (→Wellness-Wahn)

Thuja

Neben dem →Ficus benjamina ist die Heckenpflanze das zweite typische Nationalgewächs der Deutschen. Wie Bajonette aufgerichtet, stellt eine Reihe Thujas in der Regel die Demarkationslinie zum Nachbargrundstück her und sorgt für den nötigen Abstand (→Distanz und Reserve). Der Vorteil der Pflanze: Sie ist einmal mehr pflegeleicht, wetterfest, robust – und zwar so sehr, dass auch Botaniker ein Plastikimitat selbst nach dem Beißtest nicht zuverlässig von einer lebendigen Thuja-Pflanze unterscheiden können. Klimaindifferent, ganzjährig grün, abwaschbar – was will man mehr? Noch besser als Thuja kommt Thuja plus Jägerzaun. Oder Stacheldraht. Vorsicht übrigens: hinter Thuja-Hecken wohnen oft Menschen, die einen cholerischen Schnauzer haben, keinen Spaß verstehen, wenn mal ein Fußball auf ihrem frisch gemähten Rasen landet und grundsätzlich keine fremden Päckchen annehmen.

Turbo 50 – volles Programm

Wetten, lieber Leser, dass man es in nur drei Minuten schaffen könnte, in die deutschen Schlager-Charts zu kommen? Das Folgende kam bei mir nach handgestoppten zwei Minuten und dreiundvierzig Sekunden raus:

> Turbo 50 – volles Programm
> das war das allererste Mal.
> Die Liebe war da, du lächeltest gleich
> es war alles einfach wunderbar …

Erste Strophe:

> Ich sah dich steh'n
> am Straßenrand
> in einer Stadt
> mir unbekannt.
> Du wolltest geh'n
> ich wollte seh'n
> ob unsere Liebe
> eine Chance hat.

Dann der Refrain:

> Turbo 50 – volles Programm
> das war das allererste Mal.
> Die Liebe war da, du lächeltest gleich
> es war alles einfach wunderbar...

Es folgt natürlich eine zweite Strophe, dann wieder der Refrain und dann die letzte Strophe:

> Der Abend kam
> es war sehr kalt
> in dieser Stadt
> die ich nicht mag.
> Doch dann bei mir
> schenkte ich dir
> mein Herz, mein Leben
> volles Programm!

Und wieder der Refrain und noch einmal.

Jetzt muss der Text nur noch an Ralph Siegel, der soll den Sound machen. Dann noch das Foto-Shooting fürs Cover. Ich denke da an eine Halbtotale von mir, aufgenommen von schräg hinten, vielleicht in der Kölner Innenstadt: Ich schlendere gedankenversunken lächelnd durch die Fußgängerzone, habe ein Wildlederjackett über die Schulter geworfen, drehe den Kopf nach hinten in die Kamera und spreche den Hörer direkt an, indem ich mit dem Zeigefinger der freien Hand mitten auf die Linse deute. Dann kann das Ding in den Handel. Einsteiger der Woche in drei Minuten, wetten? Warten Sie es ab, vielleicht hören Sie mich ja schon im Radio, wenn Sie dieses Buch lesen. Und wenn nicht, dann heißt das noch lange nicht, dass ich die Wette verloren hätte. Dann müssen Sie halt noch ein wenig Geduld haben!

Diese Wette soll natürlich nicht nur meine unschlagbar schnell-sprudelnde Kreativität belegen, sondern auch en passant demonstrieren, dass der deutsche Schlager in 99,99 Prozent aller Fälle nicht der poetischen Hirnhälfte oder gar dem Herzen entströmt, wie er es vorgibt, sondern aller Wahrscheinlichkeit nach direkt dem vegetativen Nervensystem.

Nichts gegen das vegetative Nervensystem, aber deswegen gleich »Ja zum deutschen Schlager«? Wir sehen abwechselnd Kurt Beck, Horst Eckel und Dagmar Berghoff auf Plakaten des Südwestrundfunks anlässlich einer großangelegten Werbekampagne zur Rettung des deutschen Schlagers. »Ja zum deutschen Schlager!« ist ihre Botschaft. Dabei müsste es natürlich richtigerweise »Nein zum deutschen Schlager!« heißen. Da hat der persönliche Referent von Kurt Beck seinem Chef wohl was falsch ausgerichtet. Oder sagt Kurt Beck wirklich »Ja zum deutschen Schlager!«? Übt vielleicht sogar heimlich im Bad zu Hause vor dem Spiegel mit der Rundbürste selber »Fiesta Mexicana«? Könnte sein. Hossa, Kurt, hossa.

U

Überalterungshysterie

Alle europäischen Völker schrumpfen. Mitgliedermäßig. Aber nur bei uns geht die Horror-Mär um, wir stürben wirklich aus. Und zwar morgen schon. Oh, mein Gott. Schnell noch ein »Gegrüßest seist Du, Maria!«. Frühvergreiste Wachrüttler wie Frank Schirrmacher haben die Panik in Umlauf gebracht – und uns das Methusalem-Kompott aufgetischt. Sie fordern sofortige Geburtensteigerung, ja Rückkehr zur bürgerlichen Großfamilie des 19. Jahrhunderts. Ab nächsten Montag. Aber warum ticken eigentlich alle aus? Weil wir in zwanzig Jahren keine Arbeitslosen mehr haben werden? Weil es bald wieder mehr Parkplätze gibt in diesem überfüllten Land? Endlich Sitzplätze in der S-Bahn, freie Autobahnen und für alle von allem genug? Das ist doch eine höchst entspannende Vision. Unsere Volkswirtschaft ist sowieso so fett, dass wir die Renten und Pflegekosten für die Alten locker schultern können. Wo klemmt's also, Schirrmacher, alter Schwede? Schlägt der Luxus aufs Gemüt? Private Vereinsamungsängste? Merkt der müde Karrierist erst jetzt, dass man Geld nicht essen kann? Aber deshalb muss man doch nicht gleich die Leute verrückt machen! Dafür gibt es doch Lauftreffs, Kennenlern-Seminare, Mantras singen – weiß der Geier was. Aber dazu müsste man halt den Arsch aus dem Chefsessel hochkriegen.

Umfeld und Vorfeld

Glaubt man den modernen Massenmedien, ist das Umfeld für den Deutschen ein ganz besonderer Ort. Von ihm hängt alles ab. Deutsche, die nach oben kommen, erklären ihren Erfolg fast immer damit, dass das Umfeld stimme. Wo das Umfeld stimme, stimmt meistens auch die Leistung, hört man oft. Selten ist näher in Erfahrung zu bringen, was ein stimmiges Umfeld eigentlich ausmacht. Bei Fußballern zum Beispiel. Gehört da nur eine funktionierende Infrastruktur dazu, Anbindung ans ÖPNV-Netz, intakte Gas-, Wasser- und Sanitärverhältnisse und eine Hochleistungs-Playstation? Oder noch etwas mehr? Leicht erreichbare Golfplätze, Szenediscos etc.? Ein Idealfall ist es natürlich, wenn schon im Vorfeld eines erfolgversprechenden Auftritts das Umfeld stimmt, denn dann steht einer Topleistung auf dem Spielfeld des Lebens nichts mehr im Wege. Sagt zumindest Ex-DFB-Präsident Mayer-Umfelder, Pardon: Vorfelder – und der muss es ja wissen.

... und mehr

In Mainz etwa. Hier kann nicht viel sein, sonst stünde nicht überall: »... und mehr« oder: »... and more«. Schon in der Bahnhofskneipe geht's los. Heißt hier »Besitos. Tapas y mas«. »Küchen und mehr« gibt's um die Ecke bei Küchen Rocker. Weiter in die Einkaufs- und Gastro-Passage nebenan. Auf engstem Raum tummeln sich »Mama Kim. Koreanischer Holzgrill & more« und direkt gegenüber die Bar »Caipiranha. Cocktails, food, music and more«. Da will die benachbarte Videothek nicht nachstehen und wirbt los: »Filmpassage Cinemathek. Filmverleih, Filmverkauf und mehr«. Besonders irritierend: »Manfred S., Tanzschule und mehr«. Was ist da mehr? Table Dance? Oder macht der Mann nebenher noch in Versicherungen? Merke: Weniger ist oft mehr. (→Werbeschleim)

Unbefugt sein

Wer ist unbefugt? Johann Sebastian, als er mal nur die Notenblätter für die Toccata mit nach Hause nahm und die anderen auf seiner Orgel vergessen hat? Hahaha. Nein, Spaß beiseite: Es sind viel mehr. Glaubt man den unzähligen Schildern in Deutschland, muss es von Unbefugten in diesem Land nur so wimmeln. »Privatgrundstück! Unbefugt parkende Fahrzeuge werden kostenpflichtig abgeschleppt!« Der Deutsche ist von Geburt an erst einmal unbefugt. Wie ein Zivilist auf einem Nato-Truppenübungsplatz im Herbst-Manöver. Im Laufe seiner Erziehung, Schulausbildung und allgemeinen Sozialisation reift er erst ganz allmählich zum Befugten. Dabei ist nicht ausgemacht, dass jeder den Sprung schafft. Manche bleiben ein Leben lang unbefugt, so sehr sie auch bereit wären, sich zu fügen. Kein Wunder, dass Kant es als die dringlichste Aufgabe der Aufklärung erachtete, den Deutschen aus seiner selbstverschuldeten Unbefugtheit herauszuführen. Das Dilemma: Es gab damals noch keinen Abschleppdienst. Man konnte auch unbefugt parken, wo man wollte. Sehr zum Ärger der Befugten.

Unkostenbeitrag

Der Deutsche zeigt nicht immer Herz. Das sei hier in aller Härte einmal ausgesprochen. Seine Freunde zu beschenken ist ihm eher eine lästige Pflicht als ein Vergnügen: überflüssiger Schnickschnack. Jetzt kommt aber schon die Ehrenrettung: Der Deutsche ist zwar kein großer Schenker, aber wenn es darum geht, einen Unkostenbeitrag zu entrichten, zeigt er sich in aller Regel einsichtig und lässt sich dann auch nicht lumpen. Denn der

Deutsche weiß zu gut, dass das Leben aus Kosten besteht: hauptsächlich unerwarteten Mehrkosten, dann aber auch Nebenkosten, auflaufenden Kosten, laufenden Kosten, entstehenden Kosten, anderen Unkosten und zusätzlichen Kosten. Wird also ein Unkostenbeitrag gefordert, entrichtet man ihn, ohne zu murren (... auch wenn der Unkostenbeitrag eigentlich immer ein Kostenbeitrag ist). Ein Unkostenbeitrag etwa in Form von 10 Euro oder einem →Nudelsalat. Unkostenbeiträge werden bei Silvesterfeten entrichtet, beim Sommerfest der Elterninitiative e.V., bei Skihüttenwochenenden und beim Ad-hoc-Hock bei Jürgen im Garten am Samstagabend: meistens in einen Plastikteller hinein, der herumgeht. Manchmal fragt man sich allerdings, was die Gastgeber mit der so zusammengekommenen Summe an Unkostenbeiträgen machen. Bei 30 Gästen sind das immerhin 300 Euro. Da könnte man doch ein bisschen mehr erwarten als zwei Schüsseln Tomaten-Mozzarella-Salat, ein paar Tüten Chips und was zu trinken, oder nicht? (→Geiz, →Kaufpreis unkenntlich machen bei mickrigen Geschenken)

V

Verkehrserziehung auf der Autobahn

Sonntagmorgen, ein strahlender Tag. Die Autobahn ist, selten genug, leer. Dreispurig obendrein. Ab und zu mal ein →Hymermobil schön brav drüben auf seiner rechten Spur. Selber steuern wir unser Auto auf der mittleren Spur bei konstant 130 km/h, die Beach Boys im CD-Schacht. Da sehen wir im Rückspiegel einen, der es eilig hat. Er brettert auf der Mittelspur heran und gibt uns früh die Lichthupe. Nun wissen wir, dass er eigentlich Recht hat und wir wieder rechts einscheren müssten, da wir gerade nicht überholen – aber andererseits könnte der Blödian einfach links vorbeiziehen: Es gibt ja noch eine dritte Spur auf diesem toll ausgebauten Teilstück. Da bleiben wir doch jetzt mal stur – schließlich macht er sich mit der Lichthupe der Nötigung schuldig. Das gehört pädagogisch bestraft. Sie merken: Die Sache entwickelt sich richtig schön deutsch. Woanders würde der Raser einfach links vorbeifliegen und die Sache hätte sich. Bei uns nicht. Bei uns kann es gut sein, dass der betreffende Schnellfahrer zwar an uns vorbeizischt, dann aber das Tempo drosselt, vor uns einschert. Wir sehen ihn aufgebracht in der Luft herumfuchteln, mit dem Zeigefinger der rechten Hand hektisch nach rechts deuten, bis er selbst demonstrativ blinkend nach ganz recht rüberzieht. Warum? Na, um uns Anschauungsunterricht zu geben, wie wir uns eigentlich richtig hätten verhalten sollen. Der deutsche Autofahrer erzieht gerne andere Verkehrsteilnehmer. Wenn er sich erregt, dann nicht so sehr, weil ihm da einer tatsächlich durch sein Fahr-Fehlverhalten gefährlich geworden wäre, sondern schlicht, weil ein anderer nicht die Regeln einhält. Auch wenn das keinerlei Einfluss auf das eigene Vorwärtskommen hat. Nur bei uns gibt es auch den Menschentyp des →privaten Ordnungshüters (Antipode: der »Verkehrssünder«), der ohne offizielles Mandat dafür sorgt, dass sich andere – »bittschön!« – an die Regeln halten sollen. Dafür sind sie ja schließlich da.

Vollkornteig

Ein saftiges dänisches Vollkornbrot mit gut Butter, einem Räucherfisch und Meerrettich, dazu kräftiges Bier? Nichts dagegen einzuwenden! Aber deutsche Vollkornnudeln, womöglich im Auflauf: ein Graus. Apfelkuchen mit Vollkornteig: eine Folter. Biologisch-dynamisch ist eine gute Idee, wo es um Erzeugung von Nahrungsmitteln geht – aber eine Scheußlichkeit, wenn sie als Verzichtsgesinnung daherkommt und uns mit allzu Frugalem auf dem Teller beglückt. Gâteau chrétien nennt man in Frankreich solch deutsche Patisserie – und schwört zu Recht weiter auf Weißmehl.

Volkstanz-Spleen

Vielleicht haben Sie es selbst schon mal erleben müssen, wie peinlich sich Landsleute im Ausland benehmen können. Das galt lange als typisch deutsch, obwohl diese moderne Form des Kolonialismus überall zu Tage tritt, wo Europäer großmäulig die Welt in Beschlag nehmen. Den Trampel gibt es überall auf der Welt, und der deutsche Tourist trampelt nicht wesentlich lauter als andere. Der Unterschied zwischen ihm und anderen ist nur, dass sein Auftreten im Ausland spätestens seit 1939 von der öffentlichen Meinung stärker reflektiert wurde und diese Reflexion wiederum Eingang in den Reisehabitus des gebildeten deutschen Touristen fand. Mindestens so bezeichnend für den deutschen Reisenden wie Sangria saufende Ballermänner sind daher sich nahtlos einordnende, mehr noch: sich geradezu chamäleonartig anpassende Deutsche. Wer kein unbefangenes Verhältnis zur eigenen Heimat hat, wählt die Flucht. Nach rückwärts (→TV-Heimatabend) oder nach vorn in die auswärtige Folklore. Entscheiden sie sich für diesen Weg, sind Deutsche bis heute zum kompromisslosen Identifikationswechsel bereit, ohne dass es in dieser Disziplin ernstliche Konkurrenz in der restlichen Welt geben würde. Sie erweisen sich als Musterschüler der Assimilierung, ja, sie werden selbst zu Spaniern, Franzosen, Italienern – mit Haut und Haaren. Wer zum Kulturwechsel bereit ist, scheint Traditionen allein deswegen begierig aufzusaugen, weil sie eben Traditionen sind und heimelige Wohligkeit verströmen. Nur so lässt sich die deutsche →Ethno-Travestie erklären; jene innere Bewegung, die die Deutschen zum kulturellen Rollentausch treibt – am allerliebsten ins Herz aller ethnischen Kultur: in den Tanz. Seit Salsa und Merengue den Tangotaumel beerbten, liegen deutsche Städte in Südamerika. Junge Menschen treten, wenn nicht gleich zum Islam über, so doch in die Bauchtanzkurse der Volkshochschulen ein. Das Ärztepärchen aus Starnberg fährt nach South Dakota zum Sonnentanz der Lacota-Sioux – nicht zum Zuschauen, nein, es nimmt unter den skeptischen Blicken der Eingeborenen am Drei-Tage-Fasten teil, genauso wie an der rituellen Selbstverstümmelung. Hessische Kulturamtsleiter haben sich schon zwei Wochen im Voraus Karten für das Klezmer-Konzert in der Aula besorgt, wo sie mit Freunden in der ersten Reihe sitzen und, wenn nicht gleich aufspringen, so doch die Texte in auswendig gelerntem Jiddisch mitsingen. Und selbst an Ostern geht man statt Eier suchen mit den Kindern lieber zum Sirtaki-Tanzen in den Karlsruher Schlossgarten beim griechischen Osterfest. Kalo Pasha! (→Due espressi)

Vornamen für wehrlose Kinder

Der allgemein menschliche Drang nach Geltung, nach dem Herausstellen der eigenen Person bahnt sich in den verschiedenen Ethnien dieser Erde ganz unterschiedliche Wege aus dem Innersten der Seele hinaus in die soziale Welt. Bei den Massai etwa sind es bis heute stattliche Rinderherden, die den Konkurrenten zu Imponierzwecken vorgeführt werden und das Selbstwertgefühl ihrer Eigentümer steigern – bei den Deutschen wählt man für diese Zwecke eher einen Mercedes SLK. Wenn das nicht klappt, gibt man wenigstens seinen Kindern möglichst exotische Vornamen. Das hat schon mal einen nationaltypischen Vorteil: Es kostet nichts (jedenfalls die Eltern). Nun sind modische Vornamen ein Phänomen, das es immer schon und wohl auch überall gibt und gegeben hat – aber zu solchen Höhenflügen, Drahtseilakten, Kühnheiten *en général*, wie sie deutsche Eltern begehen, treibt es wohl sonst keinen. Bei uns muss zum Modischen heutzutage auch noch etwas Exotisches kommen. Man wühlt dazu allerdings nicht so sehr in der eigenen Kiste, auch wenn Otto, Wilhelm oder Erwin ja durchaus etwas Exotisches hätten. Nein, man orientiert sich am internationalen Lifestyle, wer immer ihn auch verkörpert. Vornamen sollen längst keine familiale, religiöse oder gar nationale Identität mehr widerspiegeln. Vornamen haben in der deutschen Erfolgsgesellschaft einen Funktionswandel durchlaufen und müssen gleich dreierlei erfüllen: Originalität, kosmopolitische Kompatibilität und Prestigeträchtigkeit – und was dabei herauskommt, sieht so aus: Die Kinder heißen nicht mehr wie früher einmal *Stefan*, *Andreas* oder *Susanne*, sondern tatsächlich *Tallulah*, *Moses* und *Stanislaus*, wie etwa der ZDF-Sprecher Steffen Seibert gegenüber der Zeitschrift *Gala* die Namen seiner drei Kinder angab. *Anything goes.* Neben solchen Edeltrendnamen kennt ein durchschnittlich besetzter Kindergeburtstag unter Vierjährigen natürlich auch volksüblichere Varianten, wie etwa *Colin, Jeldrik, Joshua, Keno, Lennart, Luca-Niklas, Marlon, Maurice, Maxim* oder *Ruwen.* Für Mädchen gerne *Alina, Celina, Chioma, Chira, Finnja, Khira, Khyara, Kimberley, Lara* oder *Lea* . *Kyocera* ist nur deshalb selten, weil es sich um einen japanischen Hersteller von Fotokopiergeräten handelt, der zudem Hauptsponsor von Borussia Mönchengladbach ist. Dieses speziell deutsche Drängen, der Welt den eigenen Prägestempel aufzudrücken, kommt etwa in folgender Geburtsanzeige aus der *Mainzer Allgemeinen Zeitung* zum Ausdruck: »Wir haben Nachwuchs!« wird froh vermeldet: *Sinan Matthias* ist geboren, steht da, und dann all die, die sich darüber freuen (wobei der Übergang von den Geschwistern zu den Haustieren nicht exakt zu ermitteln ist): *Corinna* und *Sönke Mörzheimer* mit *Kendra*, *Selina*, *Tara*, *Raiko*, *Sinja*, *Aya* und *Leila*. Wie hier schön zu sehen ist, verstärkt ein bodenständiger deutscher Nachname den Exotikfaktor oft unfreiwillig. *Khyara* ist eines, *Khyara Schäberle* das andere. (Aber vielleicht tun wir Familie Mörzheimer auch Unrecht und es sind sieben Huskies, die sich über die Geburt des Erstgeborenen mitfreuen.)

Wer das mit den Vornamen wirklich raushat, wird gut daran tun, exotisch zu sein, aber niemals zu modisch, denn der Trickle-Down-Effekt alles Modischen beendet immerzu schneller, als einem lieb ist, den erwünschten Distinktionseffekt, und mehr noch: Er verkehrt ihn alsbald geradezu ins Gegenteil. Die Tatsache, einmal topmodisch gewesen zu sein, wird mit der Zeit zum Verhängnis: So ist *Kevin* nicht nur längst aus der Mode, sondern er erscheint mittlerweile als altmodisch, prollig, provinziell und ostig. Daher lieber *Desdemona* oder *Charlott*e – und man ist fein raus.

Auffällig ist, dass vor allem das sogenannte Selbstverwirklichungsmilieu – zu dem wir ja mittlerweile fast alle gehören – regen Gebrauch von diesem Statusmittel macht und seinen Kinder mit Vornamen wie *Demian*, *Jaro* oder *Tristan* eine doch satte Hypothek mit ins Leben gibt. Ausgerechnet hier, im scheinbar sensibelsten aller Milieus, beobachtet man nur allzu oft, dass nicht die Verwirklichung des Kindes höchstes Erziehungsziel ist, sondern die bis ins Detail ausformulierte prestigeträchtige Vorstellung der Eltern, die dem Kind wie ein fertiges Design übergestülpt wird. Der Vorname ist dabei nur die Mütze in der Gesamtkonfektion einer ganzen Gestaltungsidee.

Am besten fährt in diesem ganzen Wirrsal, wer antizipiert und Prozessreihen zu Ende denkt, etwa jene: Kevin wurde irgendwann von Marvin überrundet, wenn nicht ersetzt. Zu Marvin gesellte sich bald Calvin. Neulich las ich eine Geburtsanzeige von Melvin. Und anderntags tatsächlich dann auch die von Mervin. Was aber kommt nach Mervin? Wie sieht das Update von Mervin aus? Sollte eines Tages, was mit Kevin begann, tatsächlich in

»Erwin« münden? Unserem guten, alten Erwin? Erwin Kostedde (Kickers Offenbach), Erwin Lindemann (Lotto-Millionär), Erwin Teufel (Ministerpräsident a. D.)? Es wäre unserem Land zu wünschen. Der Kreis schlösse sich und alles käme noch zu einem guten Ende. Denn: Nomen est omen. Amen.

W

Wachstischdecke

Neben Esstischen mit Wachstischdecken im Blumenmuster haben Deutsche für Besteck und Geschirr gerne Kommoden in Eiche rustikal, auf denen Häkeldecken liegen und Vogelkäfige stehen, drinnen Bubi, Nicki oder Hansi auf seinem Stängelchen. Zwischen den Mahlzeiten, wenn der Tisch mit der Wachstischdecke zur freien Verfügung steht, wird dort gerne ein Kreuzworträtsel in einer *bella* oder einer *Aktuellen* gelöst oder aber: Es finden Übungsstunden mit dem Tier statt. Die deutsche Wachstischdecke ist der ideale Untergrund, um Nicki beizubringen, das auf dem Tisch bereitgestellte Spielzeugauto trippelnd und flatternd über die Oberfläche zu schieben – ganz so, wie dies ja auch in der *Trill*-Vogelkörner-Werbung vorgekommen war. Zugute kommt allen Beteiligten, dass der Übungsbelag im Fall der Fälle ja →abwaschbar ist und so speziellen Verstimmungen weitgehend entgegenwirkt.

Wagenpflege

Woanders auf der Welt putzt man sein Auto, wenn man es verkaufen will. Sonst nicht. Bei uns ist das anders. Ein sauberes Auto ist eine Visitenkarte. Zunächst: Ein gepflegtes Auto ist eigentlich kein Auto, sondern ein Wagen. Noch mehr zum Wagen wird es, wenn es gar scheckheftgepflegt ist, also regelmäßig zur Inspektion ins Autohaus darf. Die weitere Steigerung ist der Garagenwagen. Also ein Wagen, der nicht frieren muss. Ganzjährig. Ein scheckheftgepflegter Ganzjahres-Garagenwagen. Noch mehr ist möglich: ein scheckheftgepflegter Ganzjahres-Garagenwagen, der nach erfolgter Außenwäsche inklusive Unterbodenwäsche und Motorwäsche vor dem Wagen-Center in der Sonne glitzert. Frisch abgeledert. Gibt es etwas Schöneres für den deutschen Mann? Denn Wagenpflege ist ja Männersache. Deutsche Frauen sind eher Objekte der Pflege als deren Subjekte. Wagen und Weib werden vom deutschen Mann oft mit demselben Blick gesehen. Generalüberholung und Rundum-Erneuerung sind Begriffe, die er für die Schönheitspflege von Wagen und Partnerin gleichermaßen bereithält. Ob es sich nun um zweimal 300 Gramm Silikon handelt oder um ein Tuning am Fahrzeug-Vorbau, ist nebensächlich. Am Samstagmorgen fährt der deutsche Wagenführer denn auch seinen BMW zur Heißwachsbehandlung und seine Sonja ins *waxing studio*. Danach geht Sonja in Bauch, Beine, Po und der BMW zum Reifenwechsel. Nachmittags dann beide in den Generalcheck. (→ADAC-Verkehrsübungsplatz)

Typisch deutsch ist das Verhältnis zum Auto, bei dem eine Vermenschlichung toter Technik stattfindet. Das Auto ist, wie der Hund (→Hundeunwesen), für den Deutschen ein realer Partner. Es lebt. Deshalb muss es gewaschen, geföhnt und verwöhnt werden: Der Autoversicherer ARAG empfiehlt seinen Mitgliedern allen Ernstes zum Frühjahr eine »Wellness-Kur für das Auto« (→Wellness-Wahn). Abzuwarten bleibt, wann Deutsche anfangen, ihr Auto mit in die Sauna zu nehmen oder in der Garage Wellness-CDs abzuspielen, damit das neue Cabrio mal wieder seine Seele baumeln lassen kann.

Warteschleifen

Seit alle größeren Unternehmen aus Kostengründen nur noch per Callcenter kommunizieren, hat man immer häufiger das tolle Erlebnis, Runde um Runde in der

Warteschleife drehen zu dürfen – und fast abzuheben. *»Es tut uns leid. Leider sind alle unsere Mitarbeiter im Gespräch. Wir versuchen Sie so schnell wie möglich zu verbinden.«* Es folgt 13 ½ Minuten »Green Sleeves« verzerrt, auf einem taiwanesischen Keyboard-Schnäppchen gespielt, oder Vivaldis »Frühling« aus den »Vier Jahreszeiten«, oder Mozart. *»Bitte Warten!«* In deutschen Warteschleifen gibt es extratolle Musik, um uns die Zeit kürzer zu machen. Viele Best-of-Listen kursieren bereits unter der Hand, zu meinen persönlichen Lieblingstracks gehören seit Jahren die der Taunus BKK, des ZDF und der F.A.Z.. Wer von dem Telekom-Geklimper »Please hold the line« noch keinen Bluterguss am Ohr hat, wenn er drankommt, darf sich glücklich schätzen, denn jetzt steht ihm ein tolles Gespräch mit einem mauligen Service-Mitarbeiter bevor – aber sicher wird man bald weiter durchgestellt. Dann gibt es erst die echt geilen Bonus-Tracks. *»Ihre Verbindung wird gehalten.«* Und dann, zugegeben etwas überraschend: *»Rufen Sie zu einem späteren Zeitpunkt wieder an.«* Aber gerne.

Wasser im Restaurant

In Paris, Marseille oder Brüssel erhält man im Bistro oder Restaurant beim Essen zum Wein eine »Carafe d'eau«. Wer keinen Wein zu sich nimmt, bestellt irgendetwas anderes, einen Saft oder ein Mineralwasser. Undenkbar ist es aber, dass da einer *nur* Leitungswasser ordert. Bei uns ist das anders. Wenn Menschen mittags essen gehen, bestellen sie gerne nur eine »kleine Portion« vom Tagesgericht und dazu ein Glas Leitungswasser. (Die Steigerung, neulich in Frankfurt erlebt: »Bitte ein Glas Leitungswasser mit Eiswürfel!«) Man muss aber auch über die Kehrseite der Medaille ein Wort verlieren. Und hier geht der Appell hauptsächlich an unsere italienischstämmigen Landsleute, die eine 08/15-Pizzeria führen, irgendwo in der Provinz. Habt Ihr sie eigentlich noch alle? 5,80 Euro für eine Flasche Sprudel? Auch das ist deutsch. Das gibt es noch nicht einmal in Rom an der Piazza Navona. Der Trickbetrug funktioniert übrigens nur deshalb, weil an genau dieser ungeschützten Stelle, beim Wasser, eben keiner den Schlag vermutet, der hier meuchlings ausgeführt wird. Pfui. (→Kellner, →Alptraum Kunde)

WC-Flachspüler

Was das ist, weiß vermutlich keiner. In der Sanitär-Szene ist das anders, da macht's sofort klick: Ein Tiefspüler ist eine WC-Schüssel, bei der das Exkrement nach dem Abgang sofort ins Wasser eines Siphons plumpst, der sich unter dem Gesäß des Benutzers befindet. Einen Flachspüler hingegen nennt man ein Sitzklo, bei dem es zunächst auf eine Rampe fällt und erst aus der Bildfläche verschwindet, wenn der Spülmechanismus ausgelöst wird. Im Ausland ist diese Kloform so gut wie unbekannt. Bis auf ein paar Ausnahmen in Belgien und Holland hat sich der Flachspüler nur im deutschsprachigen Raum durchgesetzt. Zwar sind die Verkaufszahlen für Flachspüler seit ein paar Jahren rückläufig, aber noch immer ist jede vierte WC-Schüssel, die heute in Deutschland installiert wird, ein Flachspüler. Tatsächlich liegt der einzige Vorteil des Flachspülers darin, dass er ermöglicht, den Stuhl nach der Ausscheidung näher zu untersuchen. Tja. Machen ja Hundebesitzer auch gerne, im Häufchen von Bello rumstochern. (→Hundeunwesen)

Wir sind übrigens auch das Land, in dem vor dreißig Jahren das Dixi-Klo erfunden wurde. Und auch noch die Heimat von »Hakle feucht«. Die Firma Hakle teilt nicht ohne Stolz mit, dass wir das Land sind, in dem weltweit am meisten feuchtes Toilettenpapier verwendet wird. Nirgends auch ist der Volkshumor so analfixiert wie bei uns. Das ergibt schon ein Studium populärer Klosprüche über dem Standurinal von Szenekneipen. (»In diesem Scheißhaus wohnt ein Geist, der jedem, der zu lange scheißt, von unten in die Eier beißt.«) Wir hängen uns gerne Kloordnungen aufs WC, auf denen unter § 5 steht: »Fünf Minuten wird geschissen, wer länger scheißt, wird rausgeschmissen.« Auch finden wir Jux-Klobrillen zum Totlachen, in die ein Stacheldraht eingelassen ist. »Ich muss mal für kleine Königstiger!«, sagen Sekretärinnen, die so ein Klo haben. Überhaupt ist das stille Örtchen (schon wieder ein Witzchen) eine Stätte, wo Witze unaufhörlich gemacht, gelesen oder an die Wand gekritzelt werden. »Hallo, Herr Doktor! Kann ich mit Durchfall baden?« »Ja, wenn Sie die Wanne vollkriegen!« Harald Schmidt erzählte einmal, dass er mit diesem Witz jedes Bierzelt zum Kochen kriegen würde.
(→Kalauer, →Witze)
Karl Kraus hat das schon früher durchschaut und behauptet: »Nichts wird dem deutschen Humoristen zum größeren Erlebnis als die Vorgänge der Verdauung.« Nicht dass es anderswo nicht auch den skatologischen Witz gäbe – aber bei uns ist der Hang zur Fäkalkomik allgegenwärtig und sagt viel über unsere psychoemotionale Innentextur. Immerhin wissen wir seit Freud, dass der Humor eines Menschen – neben seinen Träumen – eine der wenigen Äußerungen seiner Persönlichkeit ist,

die am tiefsten an ihr Inneres heranreichen. Im Deutschsein und seiner Disposition zur grübelnden Gründlichkeit ist zweifelsfrei jene Neigung zu einer rigiden Reinlichkeitserziehung der Kinder verwurzelt, die sich im Erwachsenenalter in der Überbetonung von Pünktlichkeit, Ordnungssinn und Sparsamkeit ausdrückt und im allumfassenden Kontrollzwang endet. Analcharakter nennt man das. (→Comedy und Comedians)

Weihnachtsmänner an Hausfassaden

Es gibt Unsitten, die um ein Vielfaches anstößiger sind als andere, weil sie nicht nur Unheil über Orte bringen, an denen bislang eine Leerstelle war, sondern sich ausgerechnet da reindrücken, wo es noch schöne, gute Bräuche gibt. Diese verdrängt zu sehen erfüllt mit doppeltem Verdruss. Wer seine Schritte in der grauen deutschen Adventszeit einmal vorbei am →Kreisverkehr in deutsche Neubaugebiete lenkt, wird einer solchen Unsitte gleich in vielfacher Ausführung ansichtig. Immer mehr Deutsche pflegen zu dieser Jahreszeit eine XXL-Weihnachtsmann-Puppe mit knallrotem Mantel, weißem Rauschebart und grenzdebilem Gesichtsausdruck an ihrer Hausfassade zu installieren – damit es so aussieht, als käme Santa Claus sie gerade mit seinen Geschenken für X-mas besuchen. Hier besteht in der Tat etliche Ratlosigkeit, denn es will nicht recht einleuchten, warum es das seit fast zwei Jahrtausenden bewährte Christkind nun nicht mehr tun soll und der Plastik-Klaus her muss. Offenbar ist die Verankerung der alten Weihnachtsbräuche im Volksempfinden schon so brüchig geworden ist, dass eine kommerz-weihnachtliche

Idee sie locker überrundet. Und so klettern jetzt halt die Kommerzkläuse die Hauswand empor.
Noch schwerer nachzuvollziehen ist, warum den Job am Nikolaustag – ausrücken und die Kinder beschenken – nicht mehr unser lieber, guter heiliger Sankt Nikolaus machen darf, sondern der rot-weiße US-Claus. Mit ernsthaften Konsequenzen: Zumindest unter Kindern ist die Verwirrung komplett. In deutschen Kindergärten weiß man nämlich mittlerweile nicht mehr recht zu unterscheiden zwischen dem Nikolaus mit Mitra und Bischofsstab – wie es sich eigentlich gehörte – und dem Weihnachtsmann, der zur Komplettierung der Verwirrung auch noch nach dem Nikolaus benannt ist – obwohl er es mitnichten ist! Da der richtige Nikolaus nur am 6. Dezember umgeht, der Weihnachtsmann aber die ganze Adventszeit über auftritt, wird man als Erziehungsberechtigter nicht umhin können, dem Kind von zwei unabhängig voneinander existierenden Figuren zu erzählen. Sind aber beide echt? Beim Nikolaus ist dieser Eindruck leichter aufrechtzuerhalten – zumal, wenn er nach seinem Besuch wieder im Wald verschwindet, bis zum nächsten Jahr. Aber der Weihnachtsmann? Ich empfehle, den Kindern klarzumachen, dass es den einen wirklich gibt (mitsamt seinem knorrigen Gefährten Knecht Ruprecht), während der Weihnachtsmann für *Karstadt* arbeitet und nur verkleidet ist. Für Kinder ist das zwar nicht einfach zu verstehen, aber es ist für sie absolut notwendig, diese Differenzierungsleistung zu meistern. Gelingt sie nicht, stehen über kurz oder lang Probleme ins Haus. Wer eine Ahnung davon hat, welche Autorität ein Nikolaus für einen Fünfjährigen hat, muss sich Sorgen darüber machen, was geschehen könnte,

wenn unsere Kinder später einmal, im Erwachsenenalter, Respektspersonen wie Klassenlehrer, Polizisten oder Bundeskanzler als nur »verkleidet« abtun – und dafür am Ende mit Arrest bestraft werden. (→Halloween, →Wichteln)

Wein und Gesang

Der deutsche Wein selbst ist keineswegs Gegenstand einer Unsittlichkeitsklage – wohl aber der Umgang mit ihm. *En gros* ist deutscher Wein besser als sein Ruf. Aber wenn man sich vor Augen führt, was in diesem Land vom Wein verstanden wird, landet man doch schnell zumindest im Grenzbereich zur Unsitte. Die Deutschen kennen sich nicht besonders aus, quatschen sich aber um den Verstand, wenn es um den Wein geht. Schon ein durchschnittlicher Qualitätswein einer Kaiserstühler Winzergenossenschaft wird im Restaurant unter Aufbietung der verwegensten Attribute angepriesen. Jargon ist immer da, wo Leere ist – und dennoch ein starker Wunsch besteht, ernst genommen zu werden.

Um die Kenntnis, was ein guter Wein ist und wie man ihn trinkt, ist es nicht gut bestellt, vor allem dort, wo es anders sein müsste: in der gehobenen Gastronomie. Zu den krassen Irrtümern zählen beispielsweise die Annahmen, Weinstein sei ein Merkmal besonderer Qualität; der Wein sei besser, je älter er sei; und tatsächlich auch: Wenn auf der Flasche »Qualitätswein« draufsteht, sei auch Qualität drin. Nahezu unausrottbar ist die Ansicht: Weißwein muss kalt sein, Rotwein sollte Zimmertemperatur haben. Da ist zwar was dran, aber nur in der kalten Jahreszeit. Eine gut temperierte Speisekammer im deutschen Spätherbst entspricht der idealen Rotwein-

Trinktemperatur, ein Schankraum in einem oberrheinischen Ausflugslokal an einem schwülen Augustabend dagegen kaum; hier erinnert der Spätburgunder eher an Glühwein – und man sollte nicht darauf vertrauen, dass der Inhaber über einen Temperierschrank verfügt. Wo so viel Unverständnis herrscht, sind falsche Vorstellungen nicht weit, wie sie der Sommelier Frank Kämmer in seinem »Kleinen Lexikon der Wein-Irrtümer« verdienstvoll zusammengetragen und korrigiert hat.
Weil der Wein unter Deutschen zwar ein häufiges, aber zugleich ein weitgehend unbekanntes Getränk ist, eignet er sich wie alles, worüber dichter Nebel liegt, zur Legendenbildung – und daher zur Statusaufwertung. Anders als Völker, die mit dem Wein vertrauter sind, weiß der Deutsche nicht recht, wovon er da spricht, wenn er seine Expertise abgibt. In solcher Atmosphäre lässt sich der hochprozentige Designer-Punsch schnell als *Grand Cru* ausgeben. Die Welt des Weins ist hierzulande ein Ort heillosen Geschwafels. Dabei ist von Vorteil, dass man Genuss weder beobachten noch messen kann. Wer sagt, er empfinde ihn, dem muss man glauben. Und Geschmack ist ein bestechlicher Sinn – kaum zu objektivieren. Muskelkraft und Karat sind im Zweifel messbar, vinologische Sensibilität dagegen ein kaum zu lüftendes Geheimnis. Das wird bei Blindverkostungen immer wieder deutlich. Woran man sich wenigstens halten kann, ist die einzig messbare Größe: der Anschaffungspreis einer Flasche. Kenner blicken daher vor der Verkostung nicht aufs Etikett, sondern auf das Preisschild, bevor sie verlauten lassen, dieser Wein habe eine Pfirsichnase und hinten einen Hauch Zitrus, dabei im Aromenspiel eine ausgewogene Struktur ohne Aggressivität. Seine durch-

weg kernige Substanz präge den straffen, konzentrierten Gaumeneindruck, wobei durch die Maschen des Tanningeflechts im Abgang ein süßlicher Extrakt funkle, der eine finessenreiche Holznote versprüht. Aus dem Mund des Sensiblen haben solche Worte die Wirkung eines Zauberspruchs. Auch wenn er gar nicht merkt, dass er gerade ein Glas Nitro-Verdünnung getrunken hat. Na dann, gut Holz.

Weiße Socken in Sandalen

Ausländer sagen gerne, dies sei typisch deutsch. Stimmt natürlich auch. Dazu gehören zwingend die kurzen Hosen. Sonst würden die Socken in Sandalen gar nicht zur Geltung kommen. In den kurzen Hosen stecken Männer, und in den weißen Socken stecken Beine. Stachelbeerartige, käseweiße organische Stützpfeiler, benarbt, weißlich-ledern oder großporig, fleischig oder faltiggelb – jedenfalls selten eine Freude für den Betrachter. Genauso wenig jene in Bermuda-Shorts ohne Socken, dafür in zwei- oder dreiriemigen Ausgeburten der Firma Birkenstock oder in Outdoor-Trekking-Latschen mit Klettverschluss. Oder in orthopädischen Gesundheitsschuhen, die das Personal im →Landgasthof trägt. (Nirgends gibt es so viele Orthopädie-Fachgeschäfte wie bei uns.) Unmöglich ist auch das Hemd mit halbem Arm – erst recht mit Krawatte. Aber das machen auch andere auf der Welt. Dennoch: Speziell der Körper des deutschen Mannes ist für Freizügigkeit nicht ohne weiteres geschaffen – und auch nicht jeder weibliche.

Die große Liberalisierung der Welt hat in vielen Lebensbereichen zu einer Aufweichung von *dress codes* geführt. Dramatisch wird die Entwicklung bei jenem, der nichts außer seiner Individualität repräsentieren muss: dem Freizeitmenschen. Generell gilt: Die Sicherheit des Stils geht fast immer flöten, wenn er im historischen Emanzipationsprozess dem Einzelnen überantwortet wird. Das ist eine Dialektik der Aufklärung. Die alte Welt war enger, zwanghafter sicherlich, der Einzelne gefangener. Sie war aber auch schöner anzusehen. Aber wer weist die Betreffenden zurecht? Die Sitte nicht, das Gesetz nicht, und auch die Regierung tut nichts. Stattdessen wird weggeschaut. Wenigstens in Abu Dhabi wird die Sitte noch hochgehalten: Hier werden unterfränkische Mittelständler in Birkenstocktretern (→Mittelstandskultur) noch des Edel-Restaurants verwiesen. Es bringt ihnen auch nichts, wenn sie mit Dollarscheinen wedeln. Das macht Hoffnung. Ex oriente lux.

Wellness-Wahn

Erstens: Wellness kam Ende der Sechziger in den USA auf, kursiert bei uns verschärft seit den Neunzigern und ist generell immer öfter. Zweitens: So viel Wellness wie im deutschsprachigen Raum ist nirgends auf der Welt. Vor allem gibt es hier das »Wellness-Hotel«, eine Einrichtung, die in den USA unbekannt ist. Drittens: Wellness ist im Werbeprospekt, wenn eine nackte, junge Frau mit einem Frottee-Turban auf dem Kopf leise lächelnd auf einer Pritsche liegt und sich von einem Masseur öliges Zeugs auf den Rücken schmieren lässt. Wellness ist ölig und dämpfig-diesig, und man braucht einen XXL-Bademantel dazu. Wellness ist Plätschern und Murmeln unter Einfluss wiederkehrender Instrumentals wie »rainforest« oder »celtic dreams«, gerne auch raum- und tagfüllend Gheorghe Zamfirs Panflöte – begleitet von Bukkelwalen, nein, nicht im Außenbecken, sondern singend auf CD. Nirgends sieht man so viele weiß gekleidete Frauen halbschwebend im Yoga-Sitz auf dem Boden hocken wie bei uns – auf der Suche nach dem Inneren: Alle suchen die eigene Balance. Alle wollen Wellness. Was immer sich beim Menschen anatomisch zum Baumeln eignet – hier kommt sie garantiert hinzu, die Seele, hier spannt man aus, schaltet ab – und glotzt noch ein bisschen den Weibern hinterher, den nackerten.

Wellness hat die altdeutsche Kur beerbt, sie hat sie kommerzialisiert und den Schwerpunkt verlegt: von einer Veranstaltung, die der Wiederherstellung der Gesundheit diente, zu einer Angelegenheit des Lifestyles. Das erst erklärt, warum man im Wellness-Urlaub zwar Manager und Makler trifft, aber höchst selten krummgearbeitete Schichtarbeiter von Krupp, die ihn wirklich nötig hätten. Und dennoch zieht es uns alle irgendwie hin zur Wellness. Durfte früher nur die herzkranke Oma und Mutterkreuzträgerin wohlverdient für drei Wochen nach Bad Schussenried in Kur gehen, meinetwegen noch der überarbeitete verwirrte Herr Professor, so scheinen heute auch wir Normalsterblichen von der »zunehmenden Kompliziertheit des Daseins« (Marcel Proust) so angeschlagen zu sein, dass wir uns die Wonnen der Wellness im Vital-Zentrum gegenseitig wärmstens gönnen. Es ist erstaunlich: Gerade wir Deutsche, die wir jahrhundertelang volkscharakterlich dazu neigten, zu malochen, zu schuften, zu entbehren und uns eben nichts zu gönnen, strecken auf einmal alle viere von uns und wollen uns verwöhnen lassen (→Traum, deutscher). Wellness statt Leibeszucht. Das Überdruckventil für Zwangscharaktere scheint endlich gefunden.

Ob man heute durchs Allgäu fährt, an den Bodensee, nach Österreich, in die Schweiz, nach Bayern, ins Bergische Land oder in die Eifel – Wellness, wie sie seit ein paar Jahren über uns gekommen ist in Bad Wörrishofen, Kreuznach, in Pyrmont und Sylt, in »Tempeln« und »Oasen«, auf »Inseln« und »Paradiesen«, ist nicht nur immer öfter, sondern auch: Alles ist heute Wellness. Selbst die Ferienwohnung »mit fließend Warmwasser« wird im Tourismus-Prospekt schon als »Rundum-Verwöhn-Event« angekündigt. Sobald auch nur ein wenig mehr geboten wird als ein Klappbett mit Pferdedecke auf dem Kellerboden, wird schon geflötet, an solchen Orten könne man ideal »auftanken«, und wenn es nicht zum Dach reinregnet, dann ist das schon gleichbedeutend mit »Streicheleinheiten« für die ewig gepeinigte Seele.
Es gibt auch nichts, was sich nicht für Wellness anböte: In ihrer »Serie Spiritual« bietet die Dessous-Firma DaCapo für Frauen einen Wellness-Stringtanga mit mikroeingekapseltem ätherischem Ginseng-Öl an, der auch nach zwanzig Wäschen noch Restmengen davon enthalten soll. Es gibt Wellness-Socken (Firma Ergee), Wellness-Feinstrümpfe (Firma Kuhnert), Wellness-Butter, Wellness-Wurst, Wellness-Suppen, ja Wellness-Bier. Es gibt Wellness für den Hund, Wellness für den Computer, auch noch Wellness für das Auto (→Wagenpflege). Und natürlich jede Menge Wellness-Tee. Heute ist schon bald jedem Mineralwasser Ginkgo-Extrakt beigemischt, oder wenigstens ein Schuss grüner Tee, Yasmin-Ingwer oder irgendwas Ayurvedisches – was immer das auch sein mag. Eine Bekannte erzählte mir, nach einem ayurvedischen Wellness-Tee-Aufguss habe sie kürzlich heftigen

Durchfall bekommen. Als sie den Vorfall ihrer Wellness-Expertin gemeldet hätte, habe es geheißen, dieser Effekt der inneren Reinigung sei beabsichtigt gewesen. Nun gut.

Werbe-Schleim

– in Radio, Fernsehen und im Kino. Künstliche Aufgeregtheit in der Stimme. *Crazy Days bei Möbel Martin. Crazy!!!* Gleich geht es weiter mit der Sportschau. *CMA – Bestes vom Bauern – Hagebaumarkt: Mach' Dein Ding! – Praktiker. Zwanzig Prozent auf alles außer Tiernahrung! – CarGlas repariert, CarGlas tauscht aus.* Das verfehlt seine Wirkung nicht: Euphorie wie vor der Bescherung. Einzig die lokale Werbung im Vorprogramm deutscher Kinos vermag in noch stärkeres Beben zu versetzen. Die *Greatest Hits* liefern ortsansässige Fahrschulen, der Hairstylist »Hair und mehr« (→... und mehr) und gerne allerhand gastronomische Betriebe für junge Leute. »Und nach dem Kinospaß ein gepflegtes Pils. In der Disco Fuchsbau-Dancing.« Auf dem Dia aus den frühen Achtzigern ist eine Dame mit blondierter Dauerwelle, in Spencer-Jäckchen und schwarzem Ledermini abgebildet, die neben einem taxifahrerhaften Gast mit bad-hair-day an der Bar hockt und diesem, etwas schadhaft lächelnd, ein abgestandenes Bier zum Anstoßen entgegenreckt. Der Mann könnte Willi heißen. Macht jede Menge Laune auf mehr. Sind schon crazy days, die uns deutsche Werbe-Fuzzis bereiten. (→Saxophon)

Wichteln zu Weihnachten

Mussten Sie da schon mal mitmachen? Was in den Krabbelsack reintun und im Kollegenkreis was rausholen? Wenn der ganze intrigante Haufen bei der Betriebsfeier so tut, als wäre man ein toll eingeschworenes Team? Dann wissen sie, warum auch dieser Punkt in dieses Glossar muss. Frohe Festtage! (→Weihnachtsmänner an Hausfassaden)

Willkommen in ...

Stellen Sie sich mal vor, an der Stadtgrenze von Bagdad stünde ein Schild »Willkommen in Bagdad!« und beim Verlassen der Stadt »Auf Wiedersehen in Bagdad!« Da würden Sie sich gleich wohler fühlen, oder? Genau deswegen verfährt man so auch bei uns. Kein Kaff, kein Flecken, kein Garnichts in Deutschland, das den Neuankömmling nicht grüßen und verabschieden würde – noch vor dem Ortsschild: Willkommen in Lackendorf, gerne auch »Willkommen in Lackendorf!« (→Anführungszeichen in die Luft malen) Dann: ein paar Einfamilienhäuser, Rathaus, Norma, Bushaltestelle, Spar, Kirche, ein alter Hof, nochmals ein paar Einfamilienhäuser. »Auf Wiedersehen in Lackendorf!« Warum sollte einer je hierher zurückkommen? Wahrscheinlich stehen in Deutschland so viele dieser Willkommensschilder herum, damit die Durchreisenden keine Angst bekommen, wenn sie diese Orte passieren. »Bei uns sieht es zwar aus wie in der Vorhölle, aber wir tun Euch trotzdem nichts!« heißt der Subtext dieser Form des deutschen Grußes. (→Küsschen zur Begrüßung)
Oft steht viel mehr rum als nur Schilder. Es sind fast immer klobige Holzhindernisse mit eigenem Dach und integriertem Geranienkübel, gehalten in einer Art Fred-Feuerstein-Ästhetik. Gerne stellen Gemeindeverwaltungen in die Nähe der Willkommensschilder auch noch ein

Picknick-Ensemble auf, zwei Tische mit Bänken, an denen aber noch nie jemand sitzend und essend angetroffen worden ist. Gehalten ist das Ensemble ebenfalls in Massiv-Fichte, denn Holz macht bekanntlich gemütlich. Um den Effekt zu erzielen, nimmt man dazu einen Baumstamm. Das dicke Ende sägt man längs durch, und schon hat man zwei Tischplatten. Die oberen Teile des Stamms werden ebenfalls längs durchgesägt für die Sitzflächen und Lehnen, dann braucht man nur noch ein paar Holzrollen, auf die man die Flächen legt: Fertig! Oft ist es nur eine Kleinigkeit, die uns lächeln macht.

Windräder in kostbaren Landschaften

Welche Schmerzen Windkraftanlagen der gepeinigten Seele des modernen Menschen zufügen, der in die letzten deutschen Landschaften flüchtet, um für ein paar Stunden oder Tage dem Tosen und Toben der nervösen Welt den Rücken zu kehren, ist gar nicht zu ermessen. Wie in anderen deutschen Mittelgebirgen dieser Republik gibt es auch im Schwarzwald nur noch ganz vereinzelte Stellen, wo nur Schwarzwald ist, wo kein Motorenlärm stört, wo der Blick ringsum nur Gottes Schöpfung erfasst und sonst nichts. Aber wehe, Wanderer, Du wähnst Dich behaglich im lieblichen moosigen Schoß – vielleicht dem Murmeln eines Bächleins lauschend, innerlich aufgeräumt und guter Dinge! Auf dem Bänkchen sitzend, staunend, schweigend. Doch da! Fffffft-fffffft-fffffft! Schon sirren sie nieder, die todbringenden Sensen der Windkraftanlage, die im letzten Frühling hier noch nicht stand. Welche Pest, welche Schmach, welcher Verrat! Windräder zur Energiegewinnung sind in der Sahara völlig in Ordnung, in der Prärie Nordamerikas kein Problem und auch noch im rheinhessischen Hügelland oder in der Magdeburger Börde, wenn es sein muss: aber ausgerechnet dort, wo es noch ein bisschen lieblich ist? Wo das Herz sich noch etwas schmiegen kann an das Auf und Ab von Berg und Tal? Wegen ein paar Kilowattstunden den letzten Herrgottswinkel opfern?

Wir haben nur noch wenige wirkliche Landschaften – warum, in Gottes Namen, muss es auch dort surren? Der Erholungseffekt im Grünen stellt sich eben nicht nur ein, weil hier die Wanderwege sattelzugtauglich geteert sind und die Einkehr nicht mehr weit. Nein, die Erholung in der Natur ist für den modernen Menschen ein zuerst und immer öfter atmosphärisch-emotionales Erlebnis. Das begreifen gerade deutsche Raumplaner trotz vorgeschobener Umweltgesinnung noch immer nicht. Wandern in der Natur bringt uns in eine bestimmte Stimmung – umso mehr, je unverstellter sie sich noch präsentiert. Und wir haben nicht mehr viel davon: Das Verschwinden der Heimat ist auch ein Verschwinden der Landschaft. Sternenhimmel, Sonnenaufgang, ein Landschaftspanorama vom Berggipfel, Caspar David Friedrich 1811, Morgen im Riesengebirge: Es gibt wohl keinen Menschen, der für den Zauber der Natur nicht empfänglich wäre. Dieses Empfinden ist im Kern spiritueller Art, denn die Teilhabe an diesem unentzauberbaren Geheimnis, an der Majestät im Naturerleben steigt als Erinnerung an eine abgesunkene religiöse Erfahrung in uns auf. (Gegenprobe: Stellen Sie sich doch mal dasselbe Caspar-David-Friedrich-Gemälde vor, und im Hintergrund des Bildes wäre ein Windkraftanlage zu erkennen.) »An einem Sommermittag ruhend einem Gebirgszug am Horizont oder einem Zweig folgen, der seinen Schatten auf den Betrachter wirft, bis der Augenblick oder die Stunde Teil an ihrer Erscheinung hat – das heißt die Aura dieser Berge, dieses Zweiges atmen.« Das ist nicht Ludwig Ganghofer, sondern Walter Benjamin. Und jetzt haben wir es: Eine Wanderung durch Gottes Schöpfung ist im Kern ein religiöses Erlebnis. Die Welt ist immer zugestopfter, und es gibt nur noch wenige Orte, die solch ein Erlebnis versprechen. Warum man ausgerechnet dort die Windräder hinstellt, ausgerechnet bei uns, im Land der Romantik, die die Natur einst mit so viel warmen Gefühlen beschrieben hat? Da kann es nicht um saubere Energiegewinnung gehen, sondern um brutale Gewaltausübung einiger Durchgeknallter. Man begreift die Windrad-Wut erst, wenn man sie nicht ökologisch motiviert versteht, sondern psychologisch: ganz ähnlich den meist hölzernen Aussichtstürmen, die irgendwelche Vereine und Initiativen heutzutage auf jede noch so kümmerliche Erderhebung stemmen. Gerade der Ökologe ist gerne ein Fanatiker und wie dieser nicht fähig, mehr als einem Gott zu dienen: Es geht eben um die ökologische Effizienz erneuerbarer Energie. Dass es auch eine emotionale Umweltverschmutzung gibt, das will nicht in den Kopf hinein.

Und noch ein deutscher Hang lässt sich hier studieren: die Gleichsetzung von Ökologie und Ökonomie. Das ökologische Denken geht uns Deutschen deshalb so gut runter, weil wir es nicht nur als Gespinst von ein paar verwirrten Romantikern erfassen, sondern mit dem ökonomischen Denken identifizieren. Darauf können wir sogar stolz sein: Wir begreifen nicht nur besser als andere Völker, was Nachhaltigkeit bedeutet, sondern sind volkscharakterlich ja auch zu allerlei Mehrwert-, Mülltrennungs- und anderen Recyclingsystemen ideal disponiert. Nur: wo das Ökologische mit dem Ökonomischen so nahtlos fusioniert, wird es wie dieses ästhetisch indifferent. Gerade das Schöne ist schutzlos preisgegeben, wenn die Effizienz um sich greift. Und diese Tendenz, das Ästhetische radikal dem Effizienten zu opfern, ist nicht nur sehr grün, sondern auch sehr deutsch. Aber vielleicht ist noch nicht aller Tage Abend. Früher waren es Umweltschutzorganisationen, die im Dienst der Natur japanische Walfänger abdrängten, Transparente auf Ölplattformen (Brent Spar) anbrachten, Anschläge auf Strom-Großmasten verübten. Der Wind dreht sich allmählich, und der Tag ist nicht mehr fern, an dem so ein Riesenrad in einer Vollmondnacht krachend zu Boden geht. Glaubt es mir: Man wird ein Bekennerschreiben der »Wahren Ökologen« finden. (→Solarzellen auf alten Schwarzwald-Dächern)

Witze erzählen

Deutsche lieben es ganz und gar nicht, Witze erzählt zu bekommen – aber sie lieben es umso mehr, sie anderen zu erzählen. Vornehmlich der deutsche Mann tut es gern, bei Wein oder Bier, in geselliger Runde. Er nutzt den Augenblick allgemeiner Unachtsamkeit, wenn für kurze Zeit Ruhe in der Runde herrscht und nur der Ventilator im Hintergrund brummelt, und legt überfallartig los: »Kommt ein Mann zum Arzt …« oder »Ein Amerikaner, ein Russe und ein Deutscher …« Zu spät. Es gibt kein Entrinnen, denn den Witz umgibt eine Art Zuhörpflicht beziehungsweise ein Weghörtabu, bis zum bitteren Ende. Die meisten Zuhörer lachen am Ende, aus Gefälligkeit und Erleichterung darüber, dass sie sich jetzt wieder mit ihrem Nebenmann unterhalten dürfen – es sei denn, der deutsche Witzerzähler setzt nach und noch einen drauf: Manche haben einen Merkzettel im Portemonnaie, auf dem Stichworte vermerkt sind, Erinnerungshilfen für eine ganze Witzarie: Gynäkologie, Finanzamt, Fallschirm, zuckerkrank, Stuhlprobe, Stinkbombe.

Deutsch am Witzeerzählen ist zunächst einmal die strikte Trennung von Spaß und Ernst im Leben überhaupt. Der deutsche Witz, will er sich Bahn brechen, muss sich erst einmal vom Ernst abheben. Der deutsche Witz ist wie ein kleines Theaterstück: Sobald man das Theater betritt, ist man in einer anderen Welt. Beides, Witz und Ernst, ist in unserer Gesprächskultur selten miteinander verwoben. Ironie ist keine besonders deutsche Art, sie irritiert uns viel häufiger, als sie erfreut; und wenn schon, dann ist sie kennzeichnungspflichtig. Von ihr geht eine Unsicherheit aus: Wie meint er das jetzt? Spaß oder Ernst? Mischformen im Diskurs verabscheut der Deutsche, wir lieben es hüh oder hott, hopp oder topp. Vor solchen Irritationen schützt der erzählte Witz. Denn er markiert eine eindeutige Zäsur. Witzanfänge sind sofort erkennbar – und so kann der gesamte Tisch den Schalter umlegen. »Kommt ein Mann zum Arzt…« – da wissen wir schon, jetzt wird es gleich brenzlig.

Das andere nationaltypische Merkmal bezieht sich auf die literarische Diskursform, mit der Witzbolde den Anstand der anderen ausbeuten. Aus Gründen der Freundlichkeit muss man nicht nur würdigen, dass uns da einer eine Freude machen will, sondern wir müssen dem Witzerzähler am Ende für diese Darbietung auch noch dankbar sein. Die Währung ist herzhaftes Lachen – ein umso höherer Lohn, weil wir es nahezu ausnahmslos unter hohem theatralischem Aufwand spielen müssen. Der erzählte Witz wird fast immer peinlich, platt, langweilig, am Ende als unwitzig empfunden. Oder aber: die Pointe entfaltet beim Hörer nicht die angepeilte bombastische Wirkung, was nicht immer an einer schwach ausgeprägten Auffassungsgabe liegen muss. So hocken wir am Ende eines Witzes oft da wie bestellt und nicht abgeholt: Der Witzerzähler hat vor höchstem Lustempfinden über die Pointe bereits eine karminrote Gesichtsfarbe und gluckst noch etwas nach, die Pointe wird unter eigenem schallendem Gelächter freigegeben: Unser Emotionserleben regiert in diesem Moment dagegen bare Enttäuschung, und doch müssen wir jetzt wenigstens ein bisschen losprusten. Das kostet Energie. Das Schwergewicht dieser deutschen Unsitte liegt also nicht auf dem Witz, sondern auf dem Witzeerzählen. Einen haben sie immer noch. Leider. (→Comedy und Comedians, →Kalauer- und Witzelsucht)

Wunderbaum

Was das Vivil für den Rachenraum, ist der Wunderbaum für den Fahrgastraum: schnelle Sauberkeit ohne Putzen. Gerne in den Geschmacksnoten »Vanillaroma«, »Sportfrische«, »New Car« oder »Grüner Apfel«, soll er, am Rückspiegel lose wunderbaumelnd, dafür sorgen, dass es im Inneren deutscher Personenkraftwagen nicht zu solchen Geruchsirritationen kommt, gegen die noch vor seiner Erfindung kein Kraut gewachsen war. Früher machte man einfach das Fenster auf, wenn Onkel Kurti auf dem Rücksitz einen fahren ließ, heute haben Deut-

sche den Wunderbaum – und es kann nichts mehr passieren. Die Geschmacksnoten des Wunderbaums sind jenen von Raumsprays, WC-Desinfektionswürfeln oder auch Slip-Einlagen (»atlantic breeze«, »california dreaming«) übrigens auffallend ähnlich.
Tatsächlich dürfte richtig liegen, wer Wunderbaum-Nutzern auch den Gebrauch ebendieser Artikel zutraut. Die Aromen, die das Papp-Bäumchen verströmt, sollen zuverlässig vereiteln, dass unliebsame Ausdünstungen ihren Weg in die Nasen der Insassen finden, sie sollen die Fahrgäste gnädig stimmen, wenn dann doch einmal stärkere Verwirbelungen welcher Herkunft auch immer das Fahrvergnügen trüben. Und natürlich sollen sie verhindern, dass der Beifahrerin während der ersten gemeinsamen Spritztour im Teutoburger Wald im Audi A 6 das Bouquet des überquellenden Aschenbechers in die Nase steigt. Stattdessen soll »Summer Breeze« sie sinnlich stimmen: Der Wunderbaum trägt ein Glücksversprechen in sich. Zwar wird durch den Wunderbaum die verunreinigte Luft im Wageninnern nicht wirklich beseitigt und noch nicht einmal überdeckt, sondern die Verpestung vermischt sich lediglich mit den Wunderdüften, sodass am Ende ein süßlicher Gestank vorherrscht, wie er etwa in langgedienten Joggingschuhen zu Hause ist, die man viel zu spät und nur bei 30 Grad mit »Lenor« behandelt hat. Doch was zählt, ist der psychologische Reinheitseffekt: Der Wunderbaum übt eine beruhigende Wirkung auf den Einzelnen aus. Er wirkt sofort, mit maximaler Flächenabdeckung und Durchflutungsintensität. Vor allem aber scheint von ihm zumindest so viel Frische auszugehen, dass sich das reine Gewissen eines »klinisch« sauberen Raums einstellt. (Dieses Wir-

kungsprinzip hat sich bekanntlich auch schon Ludwig XIV. zunutze gemacht: Parfüm statt Wasser war die Devise an seinem Hof.) Wer an die Kraft des Wunderbaums glaubt, erlebt prompt die Steigerung seiner Lebensqualität. Bald schon kann er seinen Gästen neue Mitfahrgelegenheiten anbieten und trotzdem besten Gewissens die morgendliche Achselwäsche ausfallen lassen. Selbst den Aschenbecher muss er nun nicht mehr so oft leeren, und in den alten Sandalen fährt sich's sowieso bequemer. Das Bäumchen wird's schon richten – und außerdem: Solange es da hängt, ist immer auch ein bisschen Weihnachten. (Eigentlich wurde der Wunderbaum 1951 nicht von einem Deutschen, sondern von einem Schweizer erfunden und vertrieben. Das Ganze auch noch in den USA. Seit den Sechzigern gibt es ihn bei uns, und heute sind wir das umsatzstärkste Land für Wunderbäume in Europa.)

Wunschkennzeichen für PKW

Eine bedenkliche Aufweichung der staatlichen Ordnung ist die Liberalisierung bei der Vergabe deutscher KFZ-Nummernschilder. Konnte man früher etwa im Großraum Stuttgart Fahrern von Personenkraftwagen mit dem Kennzeichen S-EX-123 noch zugute halten, nichts dafür zu können, ist seit ein paar Jahren davon auszugehen, dass solch ein Nummernschild Ausdruck ausschließlich des Halterwillens ist, mithin eindeutigen Botschaftscharakter trägt (→Auto-Aufkleber mit Gesinnungsbotschaft): Hier sitzt ein Lüstling am Steuer. Im KFZ-Schilderwald sind Textvarianten mit potenzsteigernder Wirkung allerdings kaum mehr aktuell – vielmehr soll sich heutzutage darin ein wenig Personality abbilden, soweit dies mit der beschränkten Ziffernzahl möglich ist. Nicht nur Initialen und Geburtsdaten können längst über das Internet bei den KFZ-Zulassungsstellen beantragt werden, sondern alles Mögliche. In der bayerischen Kreisstadt Cham sind Nummernschilder wie CHA-OT-123 äußerst beliebt, wohl weil sie dort so rebellisch cool sind. Die Menschen von Lauda in der Pfalz können durch ein Wunschkennzeichen wie LAU-DA-46 nun neben dem Lebensalter auch noch ihren Lokalpatriotismus (oder ihre Rennsportbegeisterung) sinnfällig machen. Wieder andere nutzen die Fläche, um auf intellektuelle Qualitäten hinzuweisen. So bedeutet BL-IQ-154 etwa, dass ein im württembergischen Balingen beheimateter Mensch auf einen erhöhten Intelligenzquotienten stolz ist (was in dieser Region überrascht und vielleicht die Polizei davon abhalten soll, ihn wegen erhöhter Promillewerte anzuhalten), während BAD-TV-001 sagen will, dass hier jemand in Baden-Baden beim Fernsehen arbeitet und sich selbst für eine tolle Type hält. Bei Olli Kahn steht angeblich M-OK-35 vorne am Ferrari, M-OK-1 dagegen ziert seinen Audi, mit dem er zum Training fährt. Es gibt Internetforen, in denen man sich ausschließlich über Wunschkennzeichen austauscht. Dort wird gemutmaßt, dass Kahn diese Ziffernfolge einem Vorbesitzer für viel Geld abgekauft habe. Ihm wie so vielen anderen Deutschen ist eine Traumkombination eben viel wert – unverbesserliche Individualisten, die wir sind. (→Stofftaschen, bedruckte, →Autoaufkleber mit Gesinnungsbotschaft)

Z

Yellow River

Wenn Deutsche morgens das Radio anmachen, wollen sie zu »Yellow River« munter werden. Auf allen Hauptprogrammen des öffentlichen Radios läuft »Yellow River«. In »Yellow River« kulminiert der Musikgeschmack der Deutschen, wie ihn die Marktforschungsabteilungen der Sendeanstalten ermittelt haben. Die Deutschen haben ansonsten eine auffällige Vorliebe für unglaublich hässliche Stimmen: vorneweg die von Tina Turner. Mit »What you want is what you get« sorgt sie gleich nach dem Aufstehen dafür, dass ein eitriger Ausschlag am Trommelfell entsteht. Jennifer Rush knödelt danach »I'm your Lady, you are my man«. Die Schmerzen verziehen sich kurzerhand in den HNO-Bereich. Nach dem Duschen folgt »Proud Mary« von Creedence Clearwater Revival – gleich was zum Mitklatschen, ach was: zum Mitstampfen (→Heimatabend im TV). Spätestens beim Milchkaffee und bei Tina Turners »You're simply the best!« erkennen wir das uns selbstverständlich Gewordene als absolutes nationales Privileg: Gott sei Dank sind wir Deutschen gesetzlich krankenversichert. Schuhe binden zu Chris de Burghs »Lady in Red«, ein Titel, der in einem sittlich geführten Ideal- und Gottesstaat umgehend verschreibungspflichtig wäre und im Auto dann noch Bronchialhygiene aus den geschundenen Lungenflügeln von Joe Cocker (»Unchain My Heart«) – der Tag kann beginnen. Vielleicht beim Einparken noch die Lieblingsband der Deutschen, die Scorpions: »Winds of Change«, die Wiedervereinigungshymne. Schon der dünn gepfiffene Anfangswind macht frösteln, und dann dieses Alter-Mann-wird-sentimental-Gekrächze. Da hätte man seinerzeit aktiv werden müssen. Zu spät. Jetzt ist der Kampf verloren. Schon bei den Kids: In den USA oder Großbritannien führen Justin Timberlake oder Gwen Stefani die Charts an, bei uns DJ Ötzi. Na dann, gute Nacht um sechs Uhr früh. (→PUR)

Zusammen essen, getrennt zahlen

Wenn in der deutschen Psyche die zwei Problemkomplexe Freundschaft und Geld aufeinanderstoßen, kommt nichts Gutes dabei raus, sondern in aller Regel ein drittes, noch größeres Problem. Schließlich lautet ein prominenter deutscher Spruch nicht: Bei der Freundschaft hört das Geld auf, sondern andersrum. Beispiel Essengehen mit Freunden. Es ist nicht nur ein Vorurteil, sondern trifft wirklich zu: Bei unseren Nachbarvölkern regiert am Ende solcher Runden häufig das unausgesprochene Einverständnis, dass einer am Ende für alle zahlt – und beim nächsten Mal zahlt ein anderer. Sollte das nicht der Fall sein, dann wird wenigstens nach einer anderen Faustregel verfahren: Am Ende wird der Gesamtbetrag an Speisen und Getränken durch die Zahl der Teilnehmer dividiert und jeder bezahlt einen gleich großen Anteil.

Wenn Deutsche dagegen ausgehen und der Kellner die Rechnung bringt, wird detailgenau und zeitaufwändig rekonstruiert, was wer zu zahlen hat. Man besteht auf seiner eigenen Rechnung. Es regiert eine panische Angst, das eine Pils, das der Nebensitzer vielleicht mehr getrunken hat, anteilig mitfinanzieren zu müssen. Und das sieht der Deutsche nun partout nicht ein. Warum soll ich etwas bezahlen, das ich nicht konsumiert habe? Das wäre ja noch schöner! Man macht auch nicht Halt bei gemeinsam Verzehrtem: Der gemeinsam vernaschte An-

tipasti-Teller wird durch die Anzahl der Mit-Esser geteilt, damit es gerecht zugeht. Bedienungen erfreut es besonders, wenn sie jeden Einzelnen durchgehen müssen: »Und was hatten Sie?«, um am Ende auch noch darauf achten zu müssen, ob alle offenen Positionen auch beglichen sind (→Alptraum Kunde).
Hier ist der Deutsche ein echter Sittenstrolch und in seiner Art schwerlich zu toppen, denn gerade in diesen Situationen beschwört er den einen Wert und verstößt gegen den anderen: Es soll die Freundschaft gepflegt werden, spätestens beim Zahlen hört der Spaß aber auf, jetzt regiert der →Geiz, auch wenn er als verkapptes Gerechtigkeitsempfinden auftritt. Wer jene unendlich peinlichen Situationen durchbrechen will und zwischendurch einfach mal freiweg für alle in der Runde zahlt, wird aller Erfahrung nach der Freundschaft nicht unbedingt zum Durchbruch verhelfen. Denn unter Deutschen ist es keinesfalls ausgemacht, dass ein solcher Mensch beim nächsten Mal genauso eingeladen würde. Obwohl Deutsche sonst – egal ob bei Faktenwissen zu versicherungsrechtlichen Fragen oder bei Nationalmannschaftsaufstellungen der letzten 50 Jahre – über ein wahres Elefantengedächtnis mit einigen Gigabyte Speicherkapazität verfügen, ist ihr Erinnerungsvermögen in solchen Dingen eher löchrig. Man müsste denen aktiv auf die Sprünge helfen, die sich nie daran erinnern wollen, dass sie schon längst mal wieder an der Reihe wären. Eine solche Erinnerung würde aber garantiert eine nicht nachvollziehbare Rechtfertigungsrede provozieren – weshalb am Ende wohl besser fährt, wer es bleiben lässt und in den sauren Apfel beißt. (→Unkostenbeitrag)

Dank

An erster Stelle danke ich meiner Frau Gabriele Rother, die die hier versammelten Texte wieder und wieder lesen musste und sie mir ein ums andere Mal schonungslos um die Ohren gehauen hat, wenn mal wieder etwas nicht richtig zu Ende gedacht oder schlampig formuliert war. Danke für Einzelbeobachtungen zu den Unsitten auch an Oliver Thomas Domzalski, Heiko Ernst, Annemarie Hecht, Joachim Herrmann, Manfred Ladwig, Marianne Maier, Irene Rother, Robert Schreml und Christoph Weber. Tom Petty and the Heartbreakers und Element of Crime bin ich dafür verbunden, dass sie mir tagsüber süße Ablenkung boten, wenn es mir einmal wieder zu bunt wurde mit meinem Thema, mich das Schreiben ermüdete und ich mich fragte, ob ich es künftig nicht eher wie Linda Evangelista halten solle, die einmal gesagt haben soll: »Für weniger als 10.000 Dollar stehe ich morgens gar nicht auf.« Aber nun ist mein Werk doch vollbracht, und dafür bin ich dankbar.
Wer übrigens künftig noch mehr deutsche Unsitten beobachtet und sie mir zuschickt, erhält ein Freiexemplar des Bandes »Deutsche Unsitten II«, den ich bereits fest eingeplant habe.

Martin Hecht

Register